# Das
# Amt des Vormundes,

## Gegenvormundes, Pflegers, Waisenraths etc.

---

Eine populäre Darstellung

der

Preußischen Vormundschaftsordnung vom 5. Juli 1875.

Unter Berücksichtigung

der sonstigen, auf die Stellung des Vormundes bezüglichen

**Gesetze und Verordnungen**

bearbeitet und mit ausführlichem Sachregister, einem Abdruck der Vormundschaftsordnung und Formularen für Güterverzeichnisse und Vormundschaftsrechnungen versehen

von

**E. Christiani,**

Amtsrichter in Fallersleben.

---

Zweite, vermehrte und verbesserte Auflage.

---

Berlin.

Verlag von J. Guttentag (D. Collin).

1876.

# Vorwort.

Die vorliegende Schrift ist vorwiegend für Diejenigen bestimmt, welche zur Mitwirkung bei einer vormundschaftlichen (pflegschaftlichen) Verwaltung berufen, sich Belehrung über das jetzt geltende einschlägige Recht verschaffen wollen, denen aber Zeit und Neigung abgeht, das in der Vormundschaftsordnung und den sonstigen Gesetzen zerstreute Material zu sammeln und zu studiren. Denn so sehr auch die concise Fassung und die streng sachliche Anordnung des Inhalts der neueren Gesetze den Fachjuristen befriedigen, so lehrt doch die Erfahrung, daß der Laie, insbesondere der weniger Schriftkundige, diesen Eigenschaften wenig Geschmack abgewinnt, und dieselben keineswegs geeignet sind, ihn zum Studium der Gesetze selbst anzuregen.

Das Bestreben des Verfassers ist darauf gerichtet gewesen, das auf die Amtsführung des Vormundes 2c. bezügliche Gesetzesmaterial, soweit dessen Kenntniß auch von dem Nicht-Juristen nicht entbehrt werden kann, für den practischen Gebrauch zusammenzufassen und übersichtlich zu gruppiren, dem Wißbegierigen die Auffindung der gesuchten gesetzlichen Bestimmungen zu erleichtern, den reichen Inhalt der knapp gefaßten Gesetzesparagraphen auseinanderzulegen und ihre Bedeutung dem allgemeinen Verständniß näher zu bringen. Eine Erörterung juristischer Streitfragen liegt dem Zwecke der Schrift durchaus fern, und es ist thunlichst vermieden, den Leser durch theoretische Auseinandersetzungen zu ermüden, welche bei aller Ausführlichkeit und Gründlichkeit ihm doch einen klaren Einblick in den juristischen Stoff nicht gewähren.

Einige detaillirte Bestimmungen der Vormundschaftsordnung, welche für den Laien verhältnißmäßig unwichtig sind, insbesondere solche, welche — wie z. B. die Bestimmungen über die Competenz der Vormundschaftsgerichte — für denselben überall keinen Werth haben, deren Aufnahme jedoch die Uebersichtlichkeit der Darstellung beeinträchtigen würde, sind von derselben ausgeschlossen; dagegen sind einschlägige Bestimmungen anderer Gesetze und Verordnungen, welche für den Vormund Interesse haben, z. B. des Strafgesetzbuchs, des Impfgesetzes u. s. w. berücksichtigt.

Auch für Solche, die das Studium der Gesetze selbst nicht von der Hand weisen, wird diese Arbeit zur gelegentlichen rascheren Orientirung vielleicht nicht ohne Nutzen sein.

Die eine oder andere etwa auffallende Wendung der Schreibweise wolle der geneigte Leser dem Umstande zu Gute halten, daß die Darstellung dem Verständniß eines vielgestalteten Leserkreises accomodirt werden mußte.

Fallersleben, den 10. September 1875.

---

## Vorwort zur zweiten Auflage.

Die zweite Auflage hat nicht unerhebliche Zusätze und Verbesserungen erfahren. Der Abschnitt über den Waisenrath ist einer Umarbeitung unterzogen und bedeutend erweitert. Auch die dem § 39 hinzugefügten Notizen, betreffend die Verpflichtungen des Vormundes in Erbschaftssteuer-Angelegenheiten, werden nicht unwillkommen sein. Das Sachregister ist erheblich vermehrt und wird in dieser Gestalt eine rasche Orientirung über die für den Vormund wissenswerthen gesetzlichen Bestimmungen erleichtern.

Fallersleben, den 1. Februar 1876.

Der Verfasser.

# Inhalts-Uebersicht.


| | | Seite |
|---|---|---|
| Vorwort | | III |
| Einleitung | | |
| § 1. | Begriff und Arten der Vormundschaft (Pflegschaft) | 1 |
| § 2. | Von den bei der vormundschaftlichen (pflegschaftlichen) Verwaltung thätigen Personen | 2 |

Erster Abschnitt.

**Wie wird man Vormund?**

| | | |
|---|---|---|
| § 3. | Die Bestellung zum Vormunde | 3 |
| § 4. | Von Denjenigen, welche zur Führung einer Vormundschaft unfähig sind | 4 |
| § 5. | Von den Gründen, aus welchen die Uebernahme einer Vormundschaft abgelehnt werden kann | 6 |
| § 6. | Von Denjenigen, welche ein Recht auf Uebertragung einer Vormundschaft haben | 8 |
| § 7. | Von der gesetzlichen Vormundschaft | 11 |

Zweiter Abschnitt.

**§ 8. Das Aufhören des vormundschaftlichen Amtes** 14

Dritter Abschnitt.

**Von den Rechten und Pflichten des Vormundes und der vormundschaftlichen Verwaltung überhaupt.**

I. Im Allgemeinen.

| | | |
|---|---|---|
| § 9. | Einleitung. — Anzuwendende Sorgfalt | 16 |
| § 10. | Aufsicht des Vormundschaftsgerichts. — Ordnungsstrafen. — Recht der Beschwerde | 17 |
| § 11. | Von der Verwaltung mehrerer Vormünder | 17 |

Seite

II. Von der Fürsorge des Vormundes für die Person des Mündels.

§ 12. Die Erziehung des Mündels . . . . . . . . . . 18
§ 13. Die Eheschließung des Mündels . . . . . . . . . 20

III. Von der Verwaltung des Mündelvermögens und der Vertretung des Mündels in seinen Rechtsangelegenheiten.

§ 14. A. Von der Geschäftsfähigkeit des Mündels und seiner Vertretung durch den Vormund . . . . . . . . . 22
§ 15. B. Allgemeine Grundsätze für die Verwaltung des Mündelvermögens . . . . . . . . . . . . . . . . . 25

C. Von der Sicherung, Erhaltung und Mehrung des Mündelvermögens.

§ 16. Aufnahme des Güterverzeichnisses (Inventars) . . . . 29
§ 17. Sicherung von Vermögenstheilen, Hinterlegung (Deponirung) von Werthpapieren und Ausleihe von Geldern . 31
§ 18. Die Verwaltung der Grundstücke . . . . . . . . 35
§ 19. Fortführung und Uebernahme von Erwerbsgeschäften . . 36
§ 20. Annahme und Ausschlagung von Erbschaften. — Rechtswohlthat des Inventars. — Schenkungen . . . . . 37
§ 21. Proceßführung. — Alimentenprocesse . . . . . . . 38
§ 22. Rechtsgeschäfte des Vormundes, welche einer besonderen Genehmigung bedürfen . . . . . . . . . . . . 39
§ 23. Von der Erbauseinandersetzung des Mündels insbesondere 43
§ 24. Von der Veräußerung unbeweglicher Sachen insbesondere 44
§ 25. Einfluß von Anordnungen des Erblassers des Mündels auf die Verwaltung im Einzelnen . . . . . . . . . 45
§ 26. Rechtsgeschäfte mit dem Vormunde selbst . . . . . 45
§ 27. Von der Ablage der Vormundschaftsrechnungen . . . . 46
§ 28. Von der Schlußrechnung und der Herausgabe des Mündelvermögens . . . . . . . . . . . . . . . . . 50

IV. Von einigen besonderen Obliegenheiten des Vormundes.

§ 29. Stellung von Strafanträgen. — Anmeldung zur Stammrolle. — Impfung. — Erbschaftssteuer . . . . . . 52
§ 30. V. Von der Sicherheitsleistung des Vormundes 56

Seite
§ 31. VI. Von der Entschädigung des Vormundes . . 58
§ 32. VII. Von der Haftbarkeit des Vormundes für seine Amtsführung . . . . . . . . . . . 59
§ 33. VIII. Von der gutachtlichen Anhörung des Mündels, der Verwandten u. s. w. bei der vormundschaftlichen Verwaltung . . . . . . . . . . 61
§ 34. IX. Von der besonderen Stellung einiger Personen als Vormünder . . . . . . . . . 62
§ 35. X. Die Stellung des Ehemannes einer Vormünderin . . . . . . . . . . . . . . 63
§ 36. XI. Vom Einflusse des Vaters, der Mutter und des Erblassers des Mündels auf die vormundschaftliche Verwaltung . . . . . . . . . 63

## Vierter Abschnitt.
## Von dem Gegenvormunde.

§ 37. I. Wann wird ein Gegenvormund bestellt? . . . . . 66
II. Von den Rechten und Pflichten des Gegenvormundes
§ 38. 1. Im Allgemeinen . . . . . . . . . . 67
§ 39. 2. Im Besonderen . . . . . . . . . . . . 68
§ 40. III. Von den Handlungen des Vormundes, zu welchen der Gegenvormund seine Genehmigung zu ertheilen hat . 70
§ 41. IV. Sonstiges . . . . . . . . . . . . . . 71
§ 42. V. Vom Aufhören des Amtes des Gegenvormundes . . 72

## Fünfter Abschnitt.
## Vom Waisenrath.

§ 43. Von der Bestellung des Waisenraths . . . . . . . 72
§ 44. Von den Obliegenheiten des Waisenraths . . . . . . 73

## Sechster Abschnitt.
## Vom Familienrath.

§ 45. Was ist und soll der Familienrath? . . . . . . . . 78
§ 46. Von der Bildung des Familienraths . . . . . . . 79
§ 47. Von der Berufung des Familienraths und der Beschlußfassung . . . . . . . . . . . . . . . 81
§ 48. Sonstiges . . . . . . . . . . . . . . . . 81

Seite

Siebenter Abschnitt.

**Von der Vormundschaft über Großjährige und der über Abwesende insbesondere.**

§ 49. Im Allgemeinen . . . . . . . . . . . . . . . 82
§ 50. Von der Vormundschaft über Abwesende insbesondere . 84

Achter Abschnitt.

**Von der Beendigung der Vormundschaft.**

§ 51. 1. Durch erlangte Großjährigkeit des Mündels . . . 85
§ 52. 2. Durch Großjährigkeitserklärung des Mündels . . . 87
§ 53. 3. Sonstige Gründe . . . . . . . . . . . . . 88

Neunter Abschnitt.

**Von der Pflegschaft.**

§ 54. Von dem Wesen und dem Zweck der Pflegschaft und den Rechten und Pflichten des Pflegers . . . . . . . . 89
§ 55. Von einigen besonderen Arten der Pflegschaft . . . . 91
§ 56. Schlußbemerkung . . . . . . . . . . . . . . . 93

---

Beilage A. Formular zu einem Güterverzeichniß (Inventar) 94
Beilage B. Formular zu einer Vormundschaftsrechnung . . 98
Abdruck der Vormundschaftsordnung vom 5. Juli 1875 . . . 104
Sachregister . . . . . . . . . . . . . . . . . 128

# Einleitung.

## § 1. Begriff und Arten der Vormundschaft (Pflegschaft)[1].

Vormund ist eine Person, welche zur Sorge für Jemanden, der selbst für sich zu sorgen nicht vermag, vom Staate berufen wird und unter staatlicher Aufsicht ihr Amt verwaltet. Die Gründe, weshalb Jemand eines Vormundes bedarf, sind die folgenden:

1. Minderjährigkeit, d. h. das Alter bis zur Vollendung des 21. Lebensjahres. Der Minderjährige kann für sich allein im Allgemeinen wirksame Rechtsgeschäfte nicht abschließen. Zudem bedarf er der Fürsorge für seine Person, insbesondere für seine Erziehung. Die Vormundschaft tritt ein, wenn der Minderjährige der Vertretung und der Fürsorge durch den natürlichen Vormund, den Vater, entbehren muß. Der Hauptfall ist, wenn der Vater verstorben ist. Doch können auch Umstände eintreten, welche bei Lebzeiten des Vaters die Kinder seiner Fürsorge berauben, z. B. Geisteskrankheit des Vaters, Verurtheilung Desselben zur Verbüßung einer längeren Freiheitsstrafe, gerichtliche Erklärung Desselben für einen Verschwender u. s. w. (Nur in einigen Ausnahmsfällen wird der Vater selbst Vormund, s. § 7. Nr. 1).

Auch Großjährige (d. h. Diejenigen, welche das 21. Lebensjahr vollendet haben) können in die Lage kommen, eines Vormundes zu bedürfen. Dieser Fall tritt ein, wenn

---

[1]) §§ 11, 81, 82, 86 u. flgde. der Vormundschaftsordnung vom 5. Juli 1875.

2. der Großjährige gerichtlich für geisteskrank, oder
3. für einen Verschwender[2]) erklärt ist;
4. wenn der Großjährige durch Taubheit, Stummheit oder Blindheit,

oder wenn er

5. durch Abwesenheit an der Besorgung seiner Rechtsangelegenheiten behindert ist.

Außer der Vormundschaft kennt das Gesetz noch eine Pflegschaft. Der Pfleger (Curator), dessen Stellung im Allgemeinen der des Vormundes gleich ist, hat nicht, wie der Vormund, die gesammte Fürsorge für die Person und Güter des Mündels, sondern er tritt entweder nur in einzelnen Fällen als Vertreter des Pflegebefohlenen auf oder er hat überhaupt nicht für eine Person, sondern für die Erhaltung eines Vermögens oder eines Vermögenstheils zu sorgen (s. das Nähere über die Pflegschaft im neunten Abschnitt).

## § 2. Von den bei der vormundschaftlichen (pflegschaftlichen) Verwaltung thätigen Personen[3]).

Die Fürsorge für den Bevormundeten (Mündel) liegt dem **Vormunde** ob. Es werden jedoch theils zu seiner Unterstützung, theils zu seiner Beaufsichtigung noch andere Personen in der vormundschaftlichen Verwaltung thätig, nämlich:

der **Gegenvormund** (§ 37 u. flgde). Derselbe wird bei Vormundschaften (zuweilen auch bei Pflegschaften), welche eine Vermögensverwaltung nothwendig machen, bestellt und hat auf ordnungsmäßige Verwaltung seitens des Vormundes zu achten, auch zu wichtigeren Geschäften seine Genehmigung zu ertheilen.

Der **Waisenrath** (§§ 43, 44). Derselbe steht dem Vor-

---

[2]) Ueber die Voraussetzungen und das Verfahren, durch welches Jemand für geisteskrank oder für einen Verschwender erklärt wird (sg. Entmündigungsverfahren), wird die in Aussicht stehende deutsche Civilproceßordnung einheitliche Bestimmungen treffen.

[3]) §§ 26, 27, 51, 52, 71 der Vorm.-Ordn.

mundschaftsgerichte (Obervormundschaft) in der Beaufsichtigung des Vormundes bei dessen Fürsorge für die Person des Mündels zur Seite und hat bei der Auswahl der Vormünder und Gegenvormünder das Gericht zu unterstützen.

Der **Familienrath** (§§ 45—48), welcher nur bei einzelnen Vormundschaften vorkommt, besteht aus mehreren Personen (besonders Verwandten und Verschwägerten des Mündels), welche unter dem Vorsitz des Vormundschaftsrichters die Rechte wahrnehmen, welche sonst (wenn kein Familienrath vorhanden) das Vormundschaftsgericht ausübt.

Das **Vormundschaftsgericht** endlich leitet[4]) die Vormundschaft ein (wo solches erforderlich), wirkt bei gewissen vormundschaftlichen Geschäften mit und führt die Oberaufsicht über die Amtsführung aller bei der Vormundschaft thätigen Personen.

---

# Erster Abschnitt.

# Wie wird man Vormund?

## § 3. Die Bestellung zum Vormunde[5]).

Wer eine Vormundschaft übernehmen soll, wird zu solchem Zwecke vor den Vormundschaftsrichter geladen und, sofern sich nicht ausweist, daß er zur Uebernahme gesetzlich unfähig ist (§ 4) oder einen gesetzlichen Ablehnungsgrund hat (§ 5), vom Richter mittelst Handschlags an Eidesstatt auf treue und gewissenhafte Führung der Vormundschaft verpflichtet.

---

[4]) Wenn die Einleitung einer Vormundschaft nöthig wird, so sind die Mutter, die Stiefmutter und die großjährigen Geschwister der zu Bevormundenden gesetzlich verpflichtet, dem Vormundschaftsgerichte unverzüglich Anzeige zu machen. Dieselbe Pflicht hat der Standesbeamte.

[5]) § 24 d. Vorm.-Ordn.

Bemerk. Ausnahmsweise kann Jemand auch ohne gerichtliche Bestellung Vormund sein (s. g. gesetzlicher Vormund). Es ist davon im § 7 besonders die Rede.

Der gerichtlich bestellte Vormund erhält eine Bescheinigung, s. g. **Bestallung**, aus welcher die Namen und die Geburtstage der Mündel, die Namen des Vormundes oder der mehreren Vormünder, sowie des etwa bestellten Gegenvormundes (auch des etwaigen Familienraths) ersichtlich sein müssen. Ist die Vormundschaftsverwaltung unter die mehreren Vormünder getheilt (s. § 11), so muß auch dieses aus der Bestallung hervorgehen. Vergl. ferner § 22 am Ende und § 48 am Ende. Die Bestallung ist vom Vormunde sorgfältig aufzubewahren, da sie zu seiner Legitimation dient, und bei Beendigung der Vormundschaft zurückgegeben werden muß.

## § 4. Von Denjenigen, welche zur Führung einer Vormundschaft unfähig sind[6]).

**Unfähig** zur Führung einer Vormundschaft[7]) sind:

1. Diejenigen, welche selbst unter Vormundschaft stehen,
2. junge Leute unter 21 Jahren (Minderjährige);
3. Diejenigen, welche handlungsunfähig[8]) sind;
4. wem durch ein Strafurtheil die bürgerlichen Ehrenrechte aberkannt sind, nach Maßgabe des Strafgesetzbuchs[9]);

---

[6]) §§ 21, 22, 25, 64 d. Vorm.-Ordn.

[7]) Was über die Vormundschaft gesagt wird, bezieht sich auch auf die Pflegschaft (§ 54), soweit nicht ein Anderes ausdrücklich bemerkt wird.

[8]) Rechtlich handlungsunfähig ist z. B. der Geisteskranke.

[9]) Das Reichsstrafgesetzbuch bestimmt im § 34: Die Aberkennung der bürgerlichen Ehrenrechte bewirkt die Unfähigkeit, während der im Urtheile bestimmten Zeit Vormund, Nebenvormund, Curator, gerichtlicher Beistand oder Mitglied eines Familienraths zu sein, es sei denn, daß es sich um Verwandte absteigender Linie handele und die obervormundschaftliche Behörde oder der Familienrath die Genehmigung ertheile.

5. wer sich im Concurse befindet, so lange derselbe dauert;

6. Leute, die offenkundig einen unsittlichen Lebenswandel führen;

7. wer vom Vater oder der Mutter des Mündels vom Vormundsamte ausgeschlossen ist (das Nähere hierüber im § 36);

8. Frauenzimmer.

Was die Letzteren anbelangt, so giebt es jedoch Ausnahmen: Die Mutter und Großmutter können die Vormundschaft über ihre (ehelichen oder unehelichen oder angenommenen) Kinder resp. Großkinder übernehmen[10]) (vorausgesetzt nur, daß sie nicht bei einer etwaigen Ehescheidung für den schuldigen Theil erklärt sind). Auch solche Frauenzimmer, welche vom Vater oder der Mutter des Mündels auf rechtsgültige Weise zu Vormünderinnen ernannt sind (s. darüber unten §§ 6 und 36), können zu Vormünderinnen bestellt werden. Endlich kann auch einer Ehefrau eintretenden Falls die Vormundschaft über ihren großjährigen Ehemann übertragen werden (s. § 49). Eine Ehefrau kann jedoch nicht ohne die Einwilligung ihres Ehemannes (sofern Dieser nicht selbst der Vater des Mündels ist) zur Vormünderin bestellt werden. Vergl. § 35.

9. Wer ein Staatsamt oder ein besoldetes Kommunal- oder Kirchenamt bekleidet, bedarf zur Uebernahme einer ihm vom Gerichte zu übertragenden Vormundschaft der Genehmigung seiner vorgesetzten Behörde[11]).

Bemerk. Diese Bestimmung bezieht sich weder auf Diejenigen, welche ein unbesoldetes Kommunal- oder Kirchenamt bekleiden, noch auf Diejenigen, welche gesetzliche Vormünder (§ 7) sind.

Wer zur Vormundschaft unfähig ist, wird nicht

---

[10]) Die Mutter hat sogar unter Umständen ein Recht darauf, Vormünderin ihrer Kinder zu werden. Vergl. § 6[3].

[11]) Dies gilt auch von den Militärpersonen des Friedensstandes und den Civilbeamten der Militärverwaltung. Reichsmilitärgesetz vom 2. Mai 1874, § 41. (Dieselben haben übrigens auch ein Ablehnungsrecht, s. § 5, Nr. 8.) Ferner gilt es von den im Staats- oder Kommunaldienst stehenden Lehrern.

zum Vormunde bestellt. Sollte Dies aber doch irrthümlicher Weise geschehen sein, oder sollte der bestellte Vormund später unfähig werden, so muß er das Gericht auf seine Unfähigkeit aufmerksam machen, **im Uebrigen aber sein Amt so lange weiter führen, bis er ordnungsmäßig entlassen ist**[12]).

Wenn Jemand, der gesetzlicher Vormund (s. § 7) sein soll, selbst bevormundet, oder handlungsunfähig ist, oder die bürgerlichen Ehrenrechte verloren hat, so tritt die gesetzliche Vormundschaft in solchem Falle nicht ein.

Wenn eine zur Vormünderin bestellte Frau sich verheirathet (bezw. sich wieder verheirathet), so wird sie dadurch nicht unfähig zur Fortführung der Vormundschaft. Sie kann aber aus diesem Grunde aus der Vormundschaft entlassen werden, worüber das Vormundschaftsgericht nach Anhörung der Angehörigen des Mündels zu entscheiden hat (vergl. § 33 [4]). Auch kann sie gegen den Willen ihres Ehemannes nicht Vormünderin bleiben (§ 35). (Vor ihrer Verheirathung hat sie übrigens die in einzelnen Landestheilen bestehenden Vorschriften über Nachweisung, Auseinandersetzung oder Sicherstellung des Mündelvermögens zu befolgen[13]).)

## § 5. Von den Gründen, aus welchen die Uebernahme einer Vormundschaft abgelehnt werden kann[14]).

1. Jeder preußische Staatsangehörige ist verpflichtet, das ihm angetragene Vormundsamt, wenn er nicht zur Vormundschaft unfähig ist (§ 4), zu über-

---

[12]) Nur wenn Jemand, welcher handlungsunfähig (z. B. geisteskrank) ist, zum Vormunde bestellt sein sollte, so ist die Bestellung von vornherein nichtig. Tritt die Handlungsunfähigkeit später ein, so sind von diesem Zeitpunkt an seine Handlungen nichtig.

[13]) Dieselben sind aufgeführt bei Stölzel, das Eheschließungsrecht im Geltungsbereiche des preußischen Gesetzes vom 9. März 1874.

[14]) §§ 10, 20, 23 der Vorm.-Ordn.

nehmen. Es sind jedoch ausnahmsweise berechtigt, die Uebernahme einer Vormundschaft **abzulehnen:**

1. Frauenzimmer;

2. Leute, welche das sechzigste Lebensjahr überschritten haben;

3. wer bereits zwei Vormundschaften (oder Pflegschaften) hat;

Bemerk. Wer Gegenvormundschaften hat (s. § 37), kann sich darauf zur Befreiung von einer Vormundschaft nicht berufen.

4. wer an einer Krankheit leidet, die ihn an der ordnungsmäßigen Führung der Vormundschaft hindert;

5. wer nicht in dem Bezirke des Gerichts wohnt, welches die Vormundschaft leitet;

6. wer für seine Vormundschaftsführung eine Sicherheit bestellen soll (s. § 30);

7. wer fünf eheliche Kinder hat, die noch minderjährig (nicht 21 Jahre alt) sind.

8. Militärpersonen des Friedensstandes und Civilbeamte der Militärverwaltung [15]) [16]).

**Wer einen Grund zur Ablehnung der Vormundschaft hat, muß denselben geltend machen, bevor er vom Gerichte als Vormund verpflichtet wird. Ist er einmal Vormund geworden, so nützt ihm der Ablehnungsgrund nicht mehr.** (Anders, wenn er etwa unfähig würde; siehe vorigen §.)

Weigert sich der zum Vormunde Berufene ohne gesetzlichen Grund, die Vormundschaft zu übernehmen, so kann er vom Vormundschaftsgerichte durch Ordnungsstrafen, deren jede den

---

[15]) Reichsmilitärgesetz vom 2. März 1874, § 41. (Vgl. auch Anm. 11.)

[16]) Abgesehen von den Militärbeamten haben Beamte an sich kein Recht, eine Vormundschaft abzulehnen. Da jedoch zur Uebernahme der Vormundschaft die Genehmigung der vorgesetzten Behörde erforderlich ist (§ 4 [9]), so liegt es in der Hand dieser Letzteren, durch Versagung der Genehmigung den Beamten von der Vormundschaft zu befreien.

Betrag von 300 M. erreichen kann, zur Uebernahme der Vormundschaft angehalten werden. Die Strafe kann nach Ablauf einer Woche wiederholt resp. erhöhet werden. Ist übrigens dreimal eine solche Strafe ohne Erfolg verhängt worden, so soll das Gericht (in dieser Vormundschaftssache) weiteren Zwang nicht anwenden, sondern einen anderen Vormund berufen.

2. Glaubt Jemand um deßwillen zur Uebernahme einer gewissen Vormundschaft nicht verpflichtet zu sein, weil nach seiner Meinung noch andere Personen vorhanden sind, welche zunächst als Vormünder nach gesetzlicher Vorschrift bestellt werden sollen (s. den folgenden §), so hat er, falls das Vormundschaftsgericht seinen Widerspruch nicht für begründet erkennen will, das Recht der Beschwerde bei dem höheren Gericht (s. § 10), welches darüber zu befinden hat, ob das Vormundschaftsgericht (wie dies zulässig ist, s. unten § 6) mit Recht den vom Gesetz zum Vormunde Berufenen übergangen hat.

## § 6. Von Denjenigen, welche ein Recht auf Uebertragung einer Vormundschaft haben[17]).

1. Gewisse Personen sollen nach der Vormundschaftsordnung vom Gerichte, welches sonst in der Wahl der Vormünder ziemlich freie Hand hat[18]) (s. darüber weiter unten in diesem §), bei der Bestellung von Vormündern vorzugsweise berücksichtigt und nur aus besonderen Gründen, mit oder ohne ihre Einwilligung, übergangen werden. Diese Personen haben also insofern ein Recht auf die Bestellung zum Vormunde, und können dieses nöthigenfalls durch eine Beschwerde gegen das Gericht geltend machen.

Diese Personen sind:

**1.** Derjenige, welcher den Mündel **an Kindesstatt angenommen** (adoptirt), damit aber nicht auch zugleich die väterliche

---

[17]) §§ 17—19 d. Vorm.-Ordn.

[18]) Ist ein Familienrath vorhanden, so tritt Dieser bei der Wahl des Vormundes an die Stelle des Gerichtes (s. § 45).

Gewalt über Denselben erlangt hat. Tritt hier durch den Tod des Vaters oder aus sonstigem Grunde die Nothwendigkeit einer Vormundschaft ein, so ist der Adoptivvater der zunächst zur Uebernahme der Vormundschaft Berufene.

**2.** Hiervon abgesehen, hat vor allen Anderen Derjenige bezw. Diejenige ein Recht auf Uebertragung der Vormundschaft, welcher (welche) **vom Vater des Mündels zum Vormunde ernannt** ist. Es wird jedoch zur Gültigkeit dieser Ernennung vorausgesetzt, daß der Vater zur Zeit seines Todes die väterliche Gewalt über sein Kind gehabt hat oder doch gehabt haben würde, wenn das Kind schon geboren gewesen wäre, oder daß der Vater bis zum Tode die Vormundschaft über sein Kind geführt hat[19]). Sodann muß die Ernennung entweder in einem Testament, oder in einer gerichtlich oder notariell beglaubigten Urkunde, oder in einer vom Vater eigenhändig geschriebenen **und** unterschriebenen Urkunde geschehen sein (vergl. unten § 36).

**3.** Treten die vorstehenden Fälle nicht ein, so ist, wenn die **Mutter** des Mündels noch am Leben, Diese als Vormünderin ihrer ehelichen, nicht an Kindesstatt hingegebenen Kinder zu bestellen.

Bemerk. Ein Recht auf Uebernahme der Vormundschaft über ihre unehelichen, sowie über ihre angenommenen Kinder hat die Mutter nicht. (Sie kann jedoch zur Vormünderin bestellt werden, s. oben § 4[8]).

Die Mutter wird nicht zur Vormundschaft berufen, wenn sie zu einer zweiten Ehe (mit einem Anderen, als dem Vater des Mündels) geschritten, oder wenn sie durch Urtheil von ihrem Ehemanne, dem Vater des Mündels, geschieden ist[20]). Auch

---

[19]) z. B. über ein geisteskrankes, oder ein taubes, oder ein stummes Kind.

[20]) Das heißt: die Mutter hat unter den angegebenen Voraussetzungen kein Recht darauf, zur Vormünderin bestellt zu werden; sie kann aber (s. § 4[8]) Vormünderin werden, wenn das Vormundschaftsgericht dies für unbedenklich erachtet. Ebenso hängt es vom Ermessen des Gerichtes ab, ob die Mutter, wenn sie zur zweiten Ehe schreitet,

hat sie, wie wir sahen (§ 5[1]), das Recht, die Uebernahme der Vormundschaft abzulehnen[21]).

**4.** Hat die Mutter bis zu ihrem Tode die Vormundschaft über ihr Kind (ihre Kinder) geführt und auf die vorstehend unter Nr. 2 bezeichnete Weise Jemanden **zum Vormunde** (Vormünderin) **ernannt**, so ist Dieser (Diese)[22]) zum Vormunde zu bestellen.

**5.** Endlich soll, wenn aus den vorstehend bezeichneten Personen ein Vormund nicht genommen werden kann, der **Großvater väterlicher Seits**, und nach Diesem

**6.** der **Großvater mütterlicher Seits** zum Vormunde bestellt werden.

Bemerk. Die vorstehenden Bestimmungen erleiden, wenn es sich um Bestellung eines Vormundes für eine Ehefrau handelt, insofern eine Ausnahme, als hier vor allen Anderen der Ehemann zum Vormunde bestellt werden darf. Ein Recht auf die Bestellung zum Vormunde hat der Ehemann nicht.

Wird den vorstehenden Bestimmungen zuwider vom Richter eine andere Person zum Vormunde bestellt, so hat der Uebergangene binnen vier Wochen nach erhaltener Kenntniß von der Bestellung des anderen Vormundes Beschwerde gegen das Vormundschaftsgericht zu erheben, widrigenfalls sein Widerspruchsrecht verloren geht (wegen der Beschwerde s. § 10).

Das Gericht ist jedoch nicht unbedingt zur Bestellung

---

aus der bereits von ihr geführten Vormundschaft zu entlassen ist. (Vergl. § 33[4]).

[21]) Von diesem Ablehnungsrecht wird die Mutter im wohlverstandenen Interesse ihrer Kinder dann Gebrauch machen, wenn sie sich zur Uebernahme der Vormundschaft, insbesondere der etwa damit verbundenen Vermögensverwaltung, nicht befähigt fühlt.

Die Mutter darf übrigens nicht zur Vormünderin bestellt werden, wenn der Vater auf rechtsgültige Weise sie von der Vormundschaft ausgeschlossen hat. Vergl. § 4[7] und § 36.

[22]) Eine Ehefrau kann jedoch nur mit Einwilligung ihres Ehemannes Vormünderin werden. Vergl. § 35.

der vorgedachten Personen zu Vormündern verpflichtet. Wenn Umstände eintreten, welche die Bestellung dieser zunächst Berufenen als **nachtheilig** für den Mündel erscheinen lassen, so kann das Gericht den Berufenen mit seiner Zustimmung übergehen. Ist er mit seiner Uebergehung nicht einverstanden, so muß die Entscheidung des Beschwerdegerichts eingeholt werden.

2. Von dem im Vorstehenden Gesagten abgesehen hat das Vormundschaftsgericht[23]) bei der Auswahl der Vormünder freie Hand. Jedoch soll es zunächst die Verwandten und Verschwägerten des Mündels, wenn diese sonst zur Uebernahme der Vormundschaft tauglich sind, heranziehen, auch auf das religiöse Bekenntniß des Mündels bei der Wahl des Vormundes thunliche Rücksicht nehmen.

Bei der Auswahl der Vormünder bedient sich das Gericht der Hülfe des Waisenraths (§ 44).

3. Für einen Mündel, sowie für mehrere Geschwister wird, wie hier noch bemerkt werden mag, in der Regel nur ein Vormund bestellt.

## § 7. Von der gesetzlichen Vormundschaft[24]).

Gewisse Personen können unter bestimmten Voraussetzungen von selbst Vormünder werden, ohne daß es einer gerichtlichen Bestellung und Verpflichtung bedarf. Man nennt diese **gesetzliche Vormünder.**

Die Fälle, in denen dieses eintritt, sind die folgenden:

**1.** Wenn ein Kind sich verheirathet[25]), oder wenn es eine getrennte Haushaltung anlegt, so tritt es damit nach den in einzelnen Landestheilen geltenden Rechten aus der väter-

[23]) siehe Anm. 18.

[24]) §§ 12, 13, 25, 83, 95 d. Vorm.-Ordn.

[25]) Nach der Vorm.-Ordn. erlischt jetzt auch im Bezirke des Appellationsgerichtshofes zu Cöln durch die Verheirathung des Kindes die väterliche Gewalt. Vorm.-Ordn. § 99.

lichen Gewalt heraus. Auch kann in einzelnen Landestheilen der Inhaber der väterlichen Gewalt[26]) das Kind freiwillig aus derselben entlassen[27]). Ist in solchem Falle das Kind noch minderjährig und erlangt es durch den Austritt aus der väterlichen Gewalt nicht von selbst auch die Rechte der Großjährigkeit[27]), so **wird der bisherige Gewalthaber gesetzlicher Vormund des Kindes.**

**2.** Ueber ein **uneheliches Kind** wird dessen Großvater (der Vater der unehelichen Mutter) gesetzlicher Vormund. Doch hat das Vormundschaftsgericht die Befugniß, einen anderen Vormund zu bestellen. So lange das Gericht von dieser Befugniß nicht Gebrauch gemacht hat, hat der Großvater die Rechte und Pflichten des Vormundes wahrzunehmen.

Bemerk. Mit dem Augenblick, wo das Vormundschaftsgericht einen Anderen zum Vormunde bestellt hat, hört die gesetzliche Vormundschaft des Großvaters auf. Glaubt dieser ohne Grund seiner Stellung als gesetzlicher Vormund enthoben zu sein, so steht ihm eine Beschwerde wider das Vormundschaftsgericht frei (§ 10).

**3.** Wenn ein Mündel in eine unter Verwaltung des Staats oder einer Gemeindebehörde stehende **Verpflegungsanstalt** aufgenommen ist, so hat bis zu dessen Großjährigkeit der Vorstand der Anstalt die Rechte und Pflichten des gesetzlichen Vormundes, so lange das Vormundschaftsgericht nicht einen andern Vormund bestellt, was ihm freisteht. Steht der Mündel zur Zeit der Aufnahme in die Anstalt schon unter Vormundschaft, so erlischt das Amt des bisherigen Vormundes.

**4.** Wenn **Großjährige** eines Vormundes bedürfen, (wegen Geisteskrankheit, Verschwendung, Taubheit u. s. w., s. hierüber § 1 Nr. 2—5 und § 49), so wird der **Vater** ge-

---

26) Es braucht dies nicht immer der Vater zu sein; es kann auch der Großvater sein (wenn der Vater des Kindes selbst noch in dessen väterlicher Gewalt sich befindet).

27) Es herrscht in dieser Beziehung leider zur Zeit noch eine große Rechtsverschiedenheit.

setzlicher Vormund, und zwar in den Fällen der Geisteskrankheit und der Verschwendung, sobald das diese aussprechende gerichtliche Erkenntniß rechtskräftig geworden ist[28]), in den Fällen, wo die Bevormundung wegen Taubheit, Stummheit, Blindheit oder Abwesenheit erforderlich wird, dann, wenn das Vormundschaftsgericht den Grund zur Bevormundung festgestellt hat.

5. Im Bezirke des Appellationsgerichtshofes zu Cöln hat der Vater nach dem Tode der Mutter die Rechte und Pflichten des gesetzlichen Vormundes. Schreitet der Vater zur ferneren Ehe, so ist das Vermögen des Kindes unter Mitwirkung eines Pflegers durch ein vom Vater dem Vormundschaftsgerichte einzureichendes Verzeichniß festzustellen.

Weitere Fälle der gesetzlichen Vormundschaft, als die vorstehend bezeichneten, giebt es nicht.

**Der gesetzliche Vormund tritt in die Rechte und Pflichten des Vormundes ein, ohne daß es einer gerichtlichen Bestellung oder auch nur einer Benachrichtigung seitens des Gerichtes bedarf** (ausgenommen nur die vorstehend unter Nr. 4 bezeichneten Fälle, wo das Vormundschaftsgericht erst den Grund der Bevormundung festzustellen, also denselben auch dem gesetzlichen Vormunde mitzutheilen hat).

Steht der zum gesetzlichen Vormunde Berufene selbst unter Vormundschaft, oder ist er handlungsunfähig, oder nicht im Besitze der bürgerlichen Ehrenrechte, so tritt die gesetzliche Vormundschaft nicht ein und es wird ein Vormund vom Gerichte bestellt. Stehen andere Unfähigkeitsgründe (§ 4) dem gesetzlichen Vormunde entgegen, so hat er einstweilen sein Amt zu führen, bis er vom Gerichte entlassen ist. Ist ein gesetzlicher Vormund überhaupt nicht vorhanden, so bestellt das Gericht von Amtswegen einen Vormund (§§ 3—6).

Die Stellung des gesetzlichen Vormundes ist dieselbe, wie die des gerichtlich bestellten Vormundes (über die be-

---

[28]) Ueber das Verfahren bei gerichtlichen Erkenntnissen auf Geisteskrankheit oder Verschwendung wird die in Aussicht stehende Deutsche Civilproceßordnung einheitliche Bestimmungen treffen.

sondere Stellung des Vaters als gesetzlichen Vormundes s. unten § 34); auch hört das Amt des gesetzlichen Vormundes aus denselben Gründen auf, wie das Amt des Letzteren (s. den folgenden §).

---

## Zweiter Abschnitt.

### § 8. Das Aufhören des vormundschaftlichen Amtes[29]).

Das Amt des Vormundes hört auf mit der Beendigung der Vormundschaft selbst (s. unten §§ 51—53).

Abgesehen hiervon hört das Amt des Vormundes von selbst auf, sobald der Vormund rechtlich handlungsunfähig (z. B. geisteskrank) wird. Stellt sich heraus, daß der Vormund sonst gesetzlich unfähig zur Uebernahme des Vormundsamtes ist (vergl. § 4), so muß er vom Gerichte entlassen werden und hat eintretenden Falls dies selbst zu beantragen. Dies gilt auch für den Fall, wenn der Vormund die erforderliche Genehmigung seiner Oberbehörde (§ 4[9]) nicht erhalten hat, oder wenn ihm dieselbe nachträglich entzogen wird.

Der Vormund kann auch sonst aus erheblichen Gründen seine Entlassung beantragen. Als erhebliche Gründe sind gesetzlich namentlich die im § 5 unter 4—7 bezeichneten Umstände anzusehen, wenn diese erst im Laufe der Vormundschaft eingetreten sind. Im Uebrigen hat das Vormundschaftsgericht[30]) über die Erheblichkeit der Gründe nach billigem Ermessen zu entscheiden.

Erweist sich der Vormund pflichtwidrig, so ist er vom Vormundschaftsgerichte seines Amtes zu entsetzen.

---

[29]) §§ 25, 62—66 d. Vorm.-Ordn.

[30]) an dessen Stelle, wenn ein Familienrath (§ 45) vorhanden, Dieser tritt.

Bemerk. Eine Beschwerde gegen die erfolgte Entsetzung oder Entlassung ist nur bis zum Ablauf von vier Wochen nach Zustellung der Entscheidung zulässig. Dagegen bestimmt sich die Dauer der Frist für eine Beschwerde darüber, daß dem Antrage auf Entlassung nicht stattgegeben ist, nach den am Orte des Gerichts sonst geltenden gesetzlichen Bestimmungen[31]).

Eine Beendigung des vormundschaftlichen Amtes kann endlich auch dadurch herbeigeführt werden, daß das Vormundschaftsgericht aus erheblichen Gründen (z. B. wegen Veränderung des Wohnorts der Mündel) die Vormundschaft an ein anderes Gericht abgiebt. Diese Abgabe kann nur mit Zustimmung des Vormundes geschehen. Die Abgabe hat nicht von selbst das Erlöschen des Vormundsamts zur Folge; der Vormund kann jedoch verlangen, daß er entlassen werde (vergl. § 5[5]). Die bloße Veränderung des Wohnorts oder des Aufenthalts des Mündels allein (ohne Abgabe der Vormundschaft an das andere Gericht) berechtigt den Vormund nicht, dieses Verlangen zu stellen; das Vormundschaftsgericht kann jedoch nach Lage der Umstände den Vormund entlassen.

Stirbt der Vormund, so sind außer dem Gegenvormunde auch die Erben des Vormundes verpflichtet, dem Vormundschaftsgerichte Anzeige zu machen. Die Erben haben für die Sicherstellung der in dem Nachlasse des Verstorbenen etwa befindlichen Vermögensstücke des Mündels zu sorgen.

Beim Aufhören des Vormundsamtes ist die Bestallung vom Vormunde an das Gericht zurückzugeben. —

---

[31]) Die Vorm.-Ordn. enthält hierüber keine Bestimmung.

# Dritter Abschnitt.

## Von den Rechten und Pflichten des Vormundes und der vormundschaftlichen Verwaltung überhaupt.

### I. Im Allgemeinen.

### § 9. Einleitung. — Anzuwendende Sorgfalt[32]).

Dem Vormunde liegt die Sorge für die **Person** und die **Vermögensangelegenheiten** des Mündels sowie die erforderliche **Vertretung** Desselben ob. Es ergiebt sich hieraus die dreifache Richtung der vormundschaftlichen Rechte und Pflichten, über welche unten im Einzelnen gehandelt werden wird.

Der Vormund soll an dem Mündel Vaterstelle vertreten. Er ist daher verpflichtet, das Interesse des Mündels in allen Beziehungen nach besten Kräften wahrzunehmen; er muß bei seinen vormundschaftlichen Geschäften **diejenige Sorgfalt** anwenden, welche ein **ordentlicher Hausvater** auf seine eigenen Angelegenheiten verwendet. Der Vormund kann sich bei begangener Pflichtwidrigkeit oder Nachlässigkeit nicht damit entschuldigen, daß er in seinen eigenen Geschäften nicht aufmerksamer verfahre.

Im Interesse des Mündels liegt es auch, daß der Vormund diejenigen Wahrnehmungen, welche er in seiner Stellung über die Familienangelegenheiten des Mündels und dessen Angehöriger, über die Vermögensverhältnisse 2c. macht, als ihm anvertrautes Geheimniß bewahrt und sich aller durch seine Amtsführung nicht gebotenen Offenlegung derselben enthält.

Die Verantwortlichkeit des vom Gerichte bestellten Vor=

---

[32]) §§ 27, 32 d. Vorm.=Ordn.

mundes beginnt mit dem Zeitpunkte seiner Bestellung, die des gesetzlichen Vormundes mit dem Augenblicke, wo er als gesetzlicher Vormund berufen ist (s. § 7).

## § 10. Aufsicht des Vormundschaftsgerichts. — Ordnungsstrafen. — Recht der Beschwerde[33]).

Das Vormundschaftsgericht[34]) führt die Aufsicht über die gesammte Thätigkeit des Vormundes und ist befugt, über denselben wegen seiner Amtsführung Ordnungsstrafen, deren Betrag jedoch 300 M. im Einzelnen nicht übersteigen darf, zu verhängen.

Gegen die Anordnungen des Vormundschaftsgerichts[35]) steht dem Vormunde[36]) eine Beschwerde zu. Das Gericht, an welches die Beschwerde zu richten ist, und welches endgültig darüber zu entscheiden hat, ist das Appellationsgericht, ausgenommen die Bezirke des Appellationsgerichtshofes zu Cöln, wo dem Landgerichte, und des Appellationsgerichts zu Celle, wo dem Obergerichte die Entscheidung zusteht.

Die Beschwerde kann entweder beim Vormundschaftsgerichte, oder beim Beschwerdegerichte selber eingelegt werden[37]). Ueber die Fristen zur Einlegung der Beschwerde siehe das im § 8 Bemerk. Gesagte. Die Vormundschaftsordnung enthält über die Fristen eine Bestimmung nicht.

## § 11. Von der Verwaltung mehrerer Vormünder[38]).

Mehrere Vormünder[39]) verwalten gemeinschaftlich. Es

---

[33]) §§ 10, 51 d. Vorm.-Ordn.

[34]) Ist ein Familienrath vorhandeu, so tritt Dieser an die Stelle des Gerichts (§ 45).

[35]) bezw. des Familienrathes.

[36]) auch dem Gegenvormund, Pfleger ꝛc. Das Recht, im Interesse des Mündels Beschwerde zu führen, steht Jedermann zu.

[37]) Die Beschwerde an das Landgericht kann ohne Mitwirkung eines Anwalts eingereicht werden.

[38]) § 30 d. Vorm.-Ordn.

[39]) Regelmäßig wird nur ein Vormund ernannt. Bei umfang-

darf keiner der Vormünder Verfügungen treffen ohne die Zustimmung des oder der Mitvormünder. Können sie sich nicht einigen, so entscheidet, wenn mehr als zwei Vormünder da sind, die Mehrheit, sonst aber das Vormundschaftsgericht[40]), welchem die Sache vorzutragen ist.

Ist jedoch seitens des Vormundschaftsgerichts die Verwaltung unter die mehreren Vormünder **getheilt** worden, so verwaltet Jeder die ihm zugetheilten Geschäfte selbständig. Eine solche Bestimmung über die Theilung der Geschäfte kann auch von Demjenigen getroffen werden, welcher berechtigt ist, einen Vormund zu ernennen (s. § 36).

Bemerk. Der Gegenvormund nimmt als solcher an der Verwaltung selbst (abgesehen von seiner Zustimmung zu einigen Geschäften, vergl. §§ 39, 40) keinen Theil; er hat nur die Aufsicht über die Vermögensverwaltung zu führen. Ist aber, wie gesetzlich zulässig, die vormundschaftliche Verwaltung unter mehrere Vormünder getheilt, und dann von diesen Vormündern der Eine zum Gegenvormunde des Anderen bestellt (s. § 37), so nimmt zwar auch der Gegenvormund an der Verwaltung Theil, aber lediglich in seiner Eigenschaft als wirklicher Vormund (nicht in seiner — beiläufigen — Eigenschaft als Gegenvormund seines Mitvormundes).

## II. Von der Fürsorge des Vormundes für die Person des Mündels.

### § 12. Die Erziehung des Mündels[41]).

Der Hauptheil der Fürsorge für die Person des minderjährigen Mündels, die **Erziehung** desselben, steht gesetzlich der **Mutter** (auch der unehelichen) zu; jedoch hat der Vormund

---

reichen Verwaltungen, insbesondere solchen, welche in verschiedene technische Zweige einschlagen, kann jedoch die Bestellung mehrerer Vormünder rathsam sein. Ist keine Bestimmung darüber getroffen, in welcher Weise die Geschäfte unter die mehreren Vormünder getheilt sein sollen, so verwalten sie gemeinschaftlich.

[40]) s. Anm. 34.

[41]) §§ 28, 37, 51, 53 d. Vorm.-Ordn.

die Erziehung des Mündels seitens der Mutter zu beaufsichtigen und etwaige Mängel derselben dem Vormundschaftsgerichte zur Anzeige zu bringen.

Bemerk. Dasselbe Recht und dieselbe Pflicht hat der Waisenrath (§ 44).

Das Erziehungsrecht kann der Mutter aus erheblichen Gründen, nach Anhörung des Vormundes und des Waisenraths, durch das Vormundschaftsgericht[42]) entzogen werden und geht in solchem Falle, wenn nicht andere Bestimmung getroffen wird, auf den oder die Vormünder über. Nöthigenfalls ist zu diesem Zwecke ein besonderer Vormund (oder Pfleger) neben der Mutter zu ernennen. Durch Wiederverheirathung verliert die Mutter das Erziehungsrecht nicht. Ist die Mutter nicht mehr am Leben, so liegt selbstverständlich die Leitung der Erziehung dem Vormunde allein ob.

Bei der Erziehung sind die in den verschiedenen Landestheilen bestehenden Vorschriften über die religiöse Erziehung der Kinder zu berücksichtigen[43]). Dieselbe ist im Uebrigen den Standes- und Vermögensverhältnissen des Mündels entsprechend einzurichten. Einer Genehmigung des Vormundschaftsgerichts bedarf es bei der Bestimmung des Lebensberufes des Mündels nicht. Die Erziehungskosten sind möglichst aus den Einkünften des Mündelvermögens zu bestreiten; reichen dieselben nicht aus, so kann das Stammvermögen angegriffen werden. Der Vormund ist nicht verpflichtet, den Mündel aus eigenem Vermögen zu ernähren und zu erziehen. Ist Mündelvermögen nicht vorhanden, so ist erforderlichenfalls (wenn etwaige Angehörige des Mündels nicht zur Uebernahme der Erziehung oder Tragung der Alimentationskosten verpflichtet sind[44]) die öffentliche Unterstützung seitens des betreffenden Armenverbandes in

---

[42]) s. Anm. 34.

[43]) z. B. Preuß. Allgem. Landr. Th. II. Titel 2, §§ 74—85, 642; Verordn. f. d. ehemal. Königreich Hannover, vom 31. Juli 1826.

[44]) Darüber entscheiden die in den einzelnen Landestheilen geltenden besonderen Rechte.

Anspruch zu nehmen[45]). War der Vater des Mündels Beamter, Militär 2c., so hat der Vormund sich zu vergewissern, ob nicht besondere Waisenfonds vorhanden sind, aus welchen er eine Unterstützung für den Mündel verlangen kann.

Ist der Mündel geisteskrank, oder taub, stumm oder blind, so liegt dem Vormunde die durch diesen Zustand gebotene besondere Fürsorge ob.

Dem Waisenrath[46]) steht das Recht zu, sich wegen der die Erziehung des Mündels betreffenden Angelegenheiten von der Mutter oder dem Vormunde Auskunft zu erbitten. Die Oberaufsicht über die Erziehung liegt dem Vormundschaftsgerichte ob, welches seinen Anordnungen durch Ordnungsstrafen Nachdruck verschaffen kann.

## § 13. Die Eheschließung des Mündels[47]).

1. Minderjährige eheliche Kinder[48]) bedürfen, wenn der Vater[49]) verstorben oder zur Abgabe einer Erklärung dauernd außer Stande, oder wenn sein Aufenthalt dauernd unbekannt ist, zur Eheschließung der Einwilligung der Mutter und des

---

[45]) Vergl. das Reichsgesetz über den Unterstützungswohnsitz, vom 9. Juni 1870.

[46]) Damit der Waisenrath dieses Recht ausüben könne, ist der Vormund verpflichtet, wenn sein Mündel in einen anderen Waisenrathsbezirk verzieht, dem bisherigen Waisenrath hievon Anzeige zu machen, welcher dann den Waisenrath des neuen Aufenthaltsorts benachrichtigen wird (vgl. § 44).

[47]) § 48 d. Vorm.-Ordn.

[48]) Sie bedürfen der Einwilligung des Vaters oder der Mutter auch noch über das Alter der Großjährigkeit hinaus, nämlich Söhne bis zur Vollendung des 25., Töchter bis zur Vollendung des 24. Lebensjahres. Reichscivilehegesetz vom 6. Februar 1875. § 29.

[49]) Der Adoptivvater steht dem leiblichen Vater gleich, ausgenommen in denjenigen Landestheilen, in welchen durch eine Annahme an Kindesstatt die Rechte der väterlichen Gewalt nicht begründet werden können. Reichscivilehegesetz, § 31.

Vormundes, bezw. wenn auch die Mutter verstorben oder zur Abgabe einer Erklärung dauernd außer Stande oder ihr Aufenthalt dauernd unbekannt ist, der Einwilligung des Vormundes allein. Uneheliche minderjährige Kinder bedürfen in gleicher Weise der Einwilligung der Mutter und des Vormundes bezw. des Letzteren allein (nicht der des etwa bekannten Vaters). In den Gebieten des Preuß. Allgem. Landrechts und des Rheinischen Rechts ist außerdem die Genehmigung des Vormundschaftsgerichts erforderlich[50])[50a]).

Die Einwilligung des Vormundes zur Eheschließung des Mündels darf nur aus erheblichen Gründen, z. B. weil den zukünftigen Eheleuten das nöthige Auskommen fehlen würde, weil der andere Theil mit einer entehrenden Strafe belegt ist, weil Derselbe dem Trunke ergeben ist rc., versagt werden. Eine vortheilhafte Heirath durch Vorenthaltung seiner Einwilligung zu verhindern, würde einen Verstoß gegen die Pflichten des Vormundes, welcher das Interesse seines Mündels in allen Beziehungen wahrzunehmen hat, enthalten. Zwar hat der minderjährige Mündel nicht das Recht, gegen den Vormund auf Ertheilung seiner Einwilligung zu klagen; doch wird zweifellos auf desfallsigen Antrag das Vormundschaftsgericht den Vormund zur Erfüllung seiner Pflicht anhalten und den Widerstand des pflichtwidrigen Vormundes nöthigenfalls durch Entsetzung desselben brechen können.

Bei der Verheirathung des Mündels wird der Vormund zweckmäßig für Errichtung einer ordentlichen Ehestiftung, wenn solche erforderlich, Sorge tragen. Natürlich darf der Vormund der sich verheirathenden Mündel auch eine standesmäßige Aussteuer aus deren Vermögen mitgeben.

---

[50]) Reichscivilehegesetz vom 6. Februar 1875, §§ 29, 30.

[50a]) Nach Dernburg, Vormundschaftsrecht, § 64, soll im Gebiete des Rheinischen Rechts zur Eheschließung nur die Einwilligung des Vormundschaftsgerichtes, nicht die des Vormundes, erforderlich sein. Wenn dieses der Sinn des Gesetzes ist, so ist derselbe jedenfalls aus dem Wortlaute nicht zu entnehmen; vergl das cit. Gesetz vom 6. Februar 1875, § 29.

2. Die Eheschließung des (minderjährigen oder großjährigen) Mündels mit dem Vormunde[51]) oder dessen Kindern ist während der Dauer der Vormundschaft gesetzlich unzulässig[52]).

## III. Von der Verwaltung des Mündelvermögens und der Vertretung des Mündels in seinen Rechtsangelegenheiten.

### § 14. A. Von der Geschäftsfähigkeit des Mündels und seiner Vertretung durch den Vormund[53]).

Der minderjährige[54]) Mündel kann seine Vermögensangelegenheiten nicht selbständig wahrnehmen[55]). Er ist nicht fähig, ohne die Genehmigung seines Vormundes (Pflegers) durch Rechtsgeschäfte Verbindlichkeiten zu übernehmen oder Rechte aufzugeben; er kann ohne diese Genehmigung nur solche Rechtsgeschäfte gültig eingehen, durch welche er Rechte erwirbt oder von Verbindlichkeiten sich befreit, ohne eine Gegenleistung zu übernehmen (vorausgesetzt, daß er das siebente Lebensjahr

---

[51]) Auf den Gegenvormund und den Pfleger wird man diese Bestimmung nicht beziehen dürfen. — Es ist übrigens damit nicht gesagt, daß eine Ehe zwischen dem Mündel und dem Vormunde bezw. dessen Kindern vor erreichter Selbständigkeit des Mündels nicht stattfinden könne. Sie kann dadurch ermöglicht werden, daß der Vormund zu solchem Zwecke aus der Vormundschaft entlassen wird. Es wird also schließlich das Ermessen des Vormundschaftsgerichtes (bezw. des Beschwerdegerichts) in der Sache entscheiden.

[52]) Reichscivilehegesetz, § 37.

[53]) § 29 d. Vorm.-Ordn. — Gesetz, betr. die Geschäftsfähigkeit Minderjähriger 2c., vom 12. Juli 1875.

[54]) Ueber die Vertretung des großjährigen Mündels durch den Vormund s. unten § 49.

[55]) Ob und von welcher Altersstufe an der minderjährige Mündel selbständig Verfügungen auf den Todesfall treffen, also insbesondere ein Testament machen kann, hängt von den besonderen Gesetzen der einzelnen Landestheile ab.

bereits überschritten hat; Kinder unter sieben Jahren können Rechtsgeschäfte überhaupt nicht eingehen).

Die zur Verwaltung der Vermögensangelegenheiten des Mündels erforderlichen Rechtsgeschäfte sind daher entweder vom Mündel selbst mit Genehmigung des Vormundes (Pflegers), wenn Solches überhaupt rechtlich zulässig[56]), oder aber vom Vormunde (Pfleger) allein für den Mündel abzuschließen[57]). Das Letztere wird das Häufigere und — von einzelnen, unbedeutenden Rechtsgeschäften des gewöhnlichen Lebens, z. B. Anschaffung von Bedürfnißgegenständen, Nahrungs- und Genußmitteln rc. abgesehen — das Zweckmäßigere sein; ein Dritter wird sich nicht leicht auf ein Geschäft mit dem Mündel einlassen, wenn nicht der Vormund gegenwärtig oder dessen Einwilligung ihm sonst zweifellos ist. Uebrigens kann die Genehmigung des Vormundes auch nachträglich zu jeder Zeit mit Wirksamkeit ertheilt werden (vergl. Anmerkung 60, Nr. 2.).

Von dieser mangelnden Geschäftsfähigkeit des Mündels giebt es zwei Ausnahmen:

a) Wenn der Vormund mit Genehmigung des Vormundschaftsgerichts[58]) dem Mündel den selbständigen Betrieb eines **Erwerbsgeschäfts** (z. B. eines Handwerks, einer Handlung rc.) gestattet hat, so ist der Mündel zur selbständigen Vornahme derjenigen Rechtsgeschäfte fähig, welche der Betrieb des Erwerbsgeschäftes mit sich bringt, ohne daß es zu deren Gültigkeit der Genehmigung des Vormundes (Pflegers) bedarf.

Bemerk. Handelt es sich jedoch hiebei um Rechtsgeschäfte, zu deren Vornahme der Vormund selbst der Genehmigung des

---

[56]) Dies richtet sich nach den in den einzelnen Landestheilen geltenden Gesetzen.

[57]) Der Mündel wird durch solche Rechtsgeschäfte berechtigt und verpflichtet, welche der Vormund ausdrücklich im Namen des Mündels oder unter Umständen abgeschlossen hat, welche ergeben, daß das Geschäft nach dem Willen der Betheiligten für den Mündel geschlossen werden sollte.

[58]) Vergl. Anm. 34.

Vormundschaftsgerichtes bedürfte (s. § 22), so ist zur Gültigkeit derselben, auch wenn der Mündel sie dem Vorstehenden nach selbständig vornehmen darf, die Genehmigung des Vormundschaftsgerichts erforderlich.

b) Hat der Vormund seine Genehmigung dazu ertheilt, daß der Mündel in ein **Dienst-** oder **Arbeitsverhältniß** eintrete[59]), so ist der Letztere dadurch ein für alle Mal berechtigt, selbständig (d. h. ohne Genehmigung des Vormundes für den einzelnen Fall) den Dienst oder die Arbeit aufzugeben und andere derartige Dienst- oder Arbeitsverhältnisse einzugehen. Dem Vormunde steht es aber frei, die ertheilte Genehmigung jeder Zeit wieder zurückzunehmen oder sie einzuschränken; nur dürfen dadurch bereits erworbene Rechte Dritter nicht verletzt werden[60]).

---

[59]) Hierzu ist die Einwilligung des Vormundschaftsgerichts (Familienraths) nicht erforderlich.

[60]) Zur Vervollständigung des Vorgetragenen über die Geschäftsfähigkeit der Minderjährigen sei hier noch angeführt:

1. Die wegen fehlender Genehmigung des Vormundes ungültigen Geschäfte des Mündels werden rechtswirksam, wenn Dieser sie nach erreichter Selbständigkeit anerkennt.

2. Derjenige, welcher mit dem Mündel ein wegen fehlender Genehmigung des Vormundes unwirksames Rechtsgeschäft abgeschlossen hat, ist seinerseits so lange an dasselbe gebunden, bis der Vormund (Pfleger) erklärt, daß er seine Genehmigung dazu nicht geben will. Dieser Erklärung steht es gleich, wenn auf ergangene Aufforderung der Vormund (Pfleger) oder der Mündel selbst nach erreichter Selbständigkeit die Genehmigung binnen zwei Wochen nicht ertheilt.

Wird dagegen vom Vormunde (Pfleger) oder von dem selbständig gewordenen Mündel die Genehmigung nachträglich ertheilt, so wird das Geschäft dadurch für beide Theile rechtswirksam.

3. Hat sich ein Mündel fälschlich für geschäftsfähig ausgegeben und dadurch einen Anderen ohne dessen Verschulden zum Abschluß eines Rechtsgeschäfts mit ihm verleitet, so kann der Letztere den Ersatz des ihm hierdurch zugefügten Schadens aus dem Vermögen des Mündels verlangen.

4. Eine Wiedereinsetzung in den vorigen Stand wegen Minderjährigkeit findet nicht mehr Statt. (Gesetz, betr. die Rechtsfähigkeit Minderjähriger rc., vom 12. Juli 1875.)

## § 15. B. Allgemeine Grundsätze über die Verwaltung des Mündelvermögens.

1. Der **Vormund**, und nur er allein, **hat das Mündelvermögen zu verwalten.** Er hat die Pflicht, sich allen hierauf bezüglichen Geschäften mit der Sorgfalt eines ordentlichen Hausvaters zu unterziehen. Der Gegenvormund und das Vormundschaftsgericht (an dessen Stelle ein Familienrath treten kann, s. § 45) nehmen an der Verwaltung selbst keinen Theil[61]). Beide haben nur zu einzelnen, wichtigen Geschäften des Vormundes ihre Genehmigung zu ertheilen; diese Geschäfte sind gesetzlich genau bestimmt (vergl. hierüber wegen des Gegenvormundes § 39² (§ 17) und § 40 (§ 22 A¹⁻³); wegen des Vormundschaftsgerichts §§ 22, 24 und 25). Das Vormundschaftsgericht hat nur in einem einzigen Falle, nämlich, wenn zwei Vormünder verwalten und sich über eine Verwaltungshandlung nicht einigen können, eine direct in die Vermögensverwaltung eingreifende Entscheidung abzugeben (s. § 11). Im Uebrigen hat das Vormundschaftsgericht die Aufsicht über die Verwaltung des Vormundes zu führen und etwa wahrgenommene Ordnungswidrigkeiten derselben zu rügen.

Das Vormundschaftsgericht ist daher auch nicht verpflichtet, dem Vormunde über die Nothwendigkeit oder Zweckmäßigkeit solcher Verwaltungshandlungen, zu welchen die gerichtliche Genehmigung gesetzlich nicht erforderlich ist (z. B. ob bewegliche Sachen zu verkaufen seien, ob und unter welchen Bedingungen Grundstücke unter 3000 M. Grundsteuerreinertrag (vergl. § 22 B⁷) zu verpachten seien, ob ein ausstehendes Capital wegen

---

[61]) Im Gebiete des Preuß. Allgem. Landrechts ist hierdurch eine bedeutende Aenderung in der rechtlichen Stellung des Vormundes herbeigeführt. Nach den — durch die Vormundschaftsordnung nunmehr aufgehobenen — Bestimmungen dieses Rechts beruhte die vormundschaftliche Verwaltung wesentlich in der Hand des Vormundschaftsgerichts, während der Vormund nicht viel mehr, als dessen Beauftragter war.

nicht genügender Sicherheit zu kündigen sei und dergleichen mehr) Rede zu stehen und Rath zu ertheilen[62]).

2. Der Umfang der auf die Verwaltung des Mündelvermögens bezüglichen Geschäfte des Vormundes richtet sich nach den Verhältnissen des einzelnen Falles. Der Vormund hat die Vermögensangelegenheiten des Mündels wahrzunehmen, soweit der Mündel, wenn er nicht minderjährig oder sonst bevormundungsbedürftig wäre, sie selbst würde wahrzunehmen haben. Besitzt der Mündel ein völlig freies Vermögen, so liegt dem Vormunde die gesammte Verwaltung desselben ob. Hat eine dritte Person an dem Mündelvermögen oder an einem Theile desselben das Recht der Verwaltung in eigenen Nutzen, des Nießbrauchs rc., so hat der Vormund mit der Verwaltung dieses Vermögens sich nicht zu befassen, sondern nur dafür zu sorgen, daß die Rechte des Mündels, insbesondere etwa auf Sicherstellung des dem Nießbrauche rc. unterliegenden Vermögens, gewahrt werden. Lebten die Eltern des Mündels in Gütergemeinschaft, und bleibt nach dem Tode des Mannes die Wittwe (bis zu ihrer Wiederverheirathung) gesetzlich im ungeschmälerten Besitz und Genuß der ehelichen Güter, so liegt dem Vormunde die Verwaltung des in dieser Gütermasse mitenthaltenen Mündelvermögens nicht ob; doch hat er zu sorgen, daß, wo Solches gefordert werden kann, das Vermögen festgestellt und gesichert werde. Im Falle der Wiederverheirathung der Wittwe wird er die gesetzmäßige Aussonderung (Abschichtung) des Mündelvermögens, welches dann seiner Verwaltung unter-

---

[62]) Ebensowenig ist es verpflichtet dem Vormunde über zweifelhafte Rechtsfragen Auskunft zu ertheilen. Es hängt lediglich von der entgegenkommenden Gesinnung des Vormundschaftsrichters ab, ob er sich dazu herbeilassen will. Die Vormünder werden jedoch dem Richter das Vertrauen entgegenbringen dürfen, daß er, soweit seine Geschäfte dies zulassen, ihnen die gewünschte Belehrung und Anleitung nicht vorenthalten wird. Daß übrigens der Rath, den der Vormundschaftsrichter dem Vormunde etwa ertheilt, Diesen letzteren von der Verantwortlichkeit nicht befreit, werden wir im § 32 sehen.

fällt, zu bewirken, geeignetenfalls auch einen Einkindschaftsvertrag für den Mündel abzuschließen haben.

Die bezüglichen Rechte und Pflichten des Vormundes ergeben sich demnach sowohl aus den thatsächlichen Verhältnissen, wie aus den zur Zeit noch verschiedenen, in den einzelnen Landestheilen geltenden Rechten, und wird der Vormund in Zweifelsfällen den Rath des Vormundschaftsrichters einholen.

Das Verwaltungs- und Dispositionsrecht des Vormundes bezüglich des Mündelvermögens ist übrigens auf Rechtsgeschäfte unter Lebenden beschränkt. Verfügungen auf den Todesfall kann der Vormund für den Mündel nicht treffen, also insbesondere für Denselben kein Testament errichten und keinen Erbvertrag abschließen.

3. Die vormundschaftliche Vermögensverwaltung, soweit sie dem Vorstehenden nach dem Vormunde obliegt, bezweckt vor Allem die Erhaltung des Mündelvermögens und die Erzielung angemessener Einkünfte aus demselben. Eine Vermehrung des Stammvermögens wird nur insoweit angestrebt werden dürfen, als dadurch die Erhaltung des vorhandenen Vermögens nicht gefährdet wird. Es ist darnach die Erzielung einer sicheren, wenngleich mäßigen Rente der einer höheren, aber weniger sicheren vorzuziehen und die Spekulation mit Mündelgeldern unbedingt ausgeschlossen.

Die Entscheidung über die Art und Weise der Verwaltung im Einzelnen, insbesondere über die Anlegung der für die laufenden vormundschaftlichen Ausgaben nicht erforderlichen Mündelgelder, ist in das pflichtmäßige Ermessen des Vormundes gestellt, soweit er nicht etwa durch Anordnungen des Erblassers des Mündels bezüglich des von Diesem herrührenden Vermögens gebunden ist (vgl. § 25). Im Uebrigen hat er nur, wie bereits unter 1 bemerkt, zu beachten, daß zu einzelnen Geschäften zu ihrer rechtlichen Gültigkeit die Genehmigung des Vormundschaftsgerichts bezw. des Gegenvormundes erforderlich ist.

Wenn die Vormundschaftsordnung vom 5. Juli 1875 im § 39 vorschreibt, daß die „zu den laufenden und zu anderen, durch die Vermögensverwaltung begründeten Ausgaben nicht erforderlichen" Gelder in sicheren Werthpapieren, Hypotheken oder Grundschulden angelegt werden sollen (s. unten § 17), so ist doch der Ankauf von Grundstücken, die Begründung eines Erwerbsgeschäfts oder die Uebernahme eines bereits bestehenden oder die weitere Ausdehnung eines solchen, falls diese nach Lage der Sache zweckmäßig und vortheilhaft erscheinen, nicht ausgeschlossen, vielmehr unter der Voraussetzung der Einholung der Genehmigung des Vormundschaftsgerichts ausdrücklich vom Gesetze gestattet. Eine derartige Verwendung der Gelder kann nach der geschäftlichen Lage des Mündelvermögens und nach den Zeitverhältnissen sogar geboten sein und wird sich alsdann der Vormund durch eine nichts destoweniger vorgenommene Verwendung der Gelder zum Ankauf von Werthpapieren rc. von der Verantwortlichkeit nicht befreien; denn die letztere soll nur insoweit eintreten, als die Gelder zu den laufenden oder zu anderen durch die Vermögensverwaltung begründeten Ausgaben nicht erforderlich sind. Andererseits bleibt zu bedenken, daß, wenn zu der Verwendung der Gelder zum Ankauf von Grundstücken u. s. w. keine überwiegenden Gründe vorliegen, die Anlage in den im § 17 unten gedachten Werthen insofern für den Vormund am Gerathensten sein wird, als er für die Sicherheit der Anlage nicht haftet, wenn ihn nicht in dieser Beziehung eine besondere Fahrlässigkeit trifft (z. B. wenn er Schuldverschreibungen einer bereits insolventen Anstalt gekauft hätte).

Im Zweifel wird daher der Vormund die Anlegung der verfügbaren Gelder in den letztgedachten Werthen vorziehen.

4. Wie der Vormund das Recht der Verwaltung hat, so hat er auch das Recht, Mündelsachen zu veräußern. Bewegliche Sachen (Mobilien) kann er selbständig veräußern. Bei der Veräußerung von Werthpapieren und ausstehenden Capitalien (wohin insbesondere die Cession gehört) ist er an die Genehmigung des Gegenvormundes (§ 22 A 1 und 2), und bei der Veräußerung von unbeweglichen Sachen (Grundstücken) an die Genehmigung des Vormundschaftsgerichts (§ 22 B 5) gebunden.

## C. Von der Sicherung, Erhaltung und Mehrung des Mündelvermögens.

### § 16. Aufnahme des Güterverzeichnisses (Inventars)[63].

Der Vormund hat von dem bei der Einleitung der Vormundschaft vorhandenen oder später dem Mündel angefallenen Vermögen unter Zuziehung des etwa vorhandenen Gegenvormundes (§ 39) ein genaues und vollständiges Verzeichniß **(Güterverzeichniß, Inventar)** aufzunehmen. Das Verzeichniß ist dem Vormundschaftsgerichte einzureichen und haben sowohl der Vormund als der Gegenvormund dem Gerichte die Erklärung abzugeben, daß das Verzeichniß nach ihrer pflichtmäßigen Ueberzeugung richtig und vollständig sei.

Der Mitwirknng eines gerichtlichen Beamten oder eines Notars bei der Aufnahme des Güterverzeichnisses sowie der Beifügung einer Taxe bedarf es gesetzlich nicht; doch steht der ersteren, wo sie bisher üblich war, auch ferner nichts entgegen; dieselbe oder doch die Zuziehung einer mit derartigen Geschäften vertrauten Person wird sich da empfehlen, wo der Vormund selbst zur Aufnahme des Verzeichnisses nicht wohl im Stande ist. Eine Zuziehung der älteren Mündel, sowie der Wittwe des verstorbenen Vaters derselben, auch geeignetenfalls der volljährigen Miterben, wenn es sich um die Aufnahme eines Nachlasses handelt, ist anzurathen, da eine demnächstige Auseinandersetzung auf Grundlage des Verzeichnisses voraussichtlich wird statthaben müssen.

Nur der Vater des Mündels als gesetzlicher Vormund (s. § 7 Nr. 1 und 4) ist von der Verpflichtung zur Aufnahme eines Güterverzeichnisses frei.

Wenn der Erblasser des Mündels — wozu er, wie wir unten im § 36 sehen werden, das Recht hat — die Offen-

---

[63]) § 35 d. Vorm.-Ordn.

legung des Verzeichnisses seines Nachlasses verboten[64]) hat, so ist nichtsdestoweniger ein Verzeichniß über den Nachlaß aufzunehmen und dem Vormundschaftsgerichte einzureichen. Dasselbe muß jedoch vom Gerichte ohne zuvorige Kenntnißnahme von dem Inhalte eingesiegelt werden, und zwar auf Verlangen des Vormundes in dessen Gegenwart, und wird alsdann auf dem Gerichte aufbewahrt. Das Vormundschaftsgericht ist nur aus besonderen Gründen, über welche der Vormund vorher zu hören ist, befugt, von dem Inhalte dieses Verzeichnisses Kenntniß zu nehmen.

Beilage A.

Ueber die Einrichtung des Güterverzeichnisses sind zwar gesetzlich keine Bestimmungen getroffen. Es empfiehlt sich jedoch der leichteren Uebersicht halber, sowohl im Interesse des Vormundes, der weniger leicht ein Vermögensstück auslassen wird, als auch des Vormundschaftsrichters, daß das Güterverzeichniß nach einem bestimmten Schema angelegt werde. Es kann hierfür das in der Beilage A. (am Schluß) mitgetheilte Formular empfohlen werden. Dasselbe ist für einen einfachen Nachlaß berechnet und nach Bewandtniß der Fälle durch Hinzufügung etwa erforderlicher weiterer Rubriken zu vervollständigen. Sind größere Quantitäten von Gegenständen irgend welcher Art (z. B. großes Wirthschafts- oder Fabrikinventar, umfangreiche Gemäldesammlung rc.) vorhanden, so wird es zweckmäßig sein, diese Gegenstände in einem besonderen Verzeichniß zusammenzustellen und das Letztere dem Hauptverzeichniß als Anlage beizufügen.

Das Güterverzeichniß soll das dem Mündel (den Mündeln) gehörige Vermögen enthalten, d. h. sowohl das Activvermögen, als auch die Passiva, die Schulden. Besteht das Vermögen in dem Antheile an einem noch nicht getheilten Nachlaß, so muß das Verzeichniß, unter Namhaftmachung der Mitberechtigten, den ganzen Nachlaß umfassen; etwaige, dem Mündel außerdem gehörende Vermögenstheile sind besonders aufzuführen.

---

[64]) Ist die im § 36 bezeichnete Form nicht beobachtet, so ist das Verbot der Offenlegung des Nachlasses wirkungslos.

Gegenstände, die sich in der Behausung des Verstorbenen vorfanden, sind, auch wenn sie nicht zum Nachlasse gehören, zweckmäßig in dem Verzeichnisse mit aufzuführen und ist das Erforderliche wegen der Ansprüche Dritter dabei zu bemerken; insbesondere gilt dies von Aussteuer= (Brautschatz=) Gegenständen, deren Eigenthum von der hinterbliebenen Wittwe in Anspruch genommen wird. Dem Güterverzeichnisse darf endlich auch eine Angabe über etwa anhängige Processe oder vom Erblasser des Mündels geführte Vormundschaften (Pflegschaften) nicht fehlen, da die aus diesen sich etwa ergebenden Forderungen oder Verbindlichkeiten zum Vermögensbestande gehören.

Da das dem Gerichte eingereichte Güterverzeichniß bei diesem verbleibt, so hat der Vormund entweder vor der Einreichung desselben eine Abschrift davon zurückzubehalten oder eine solche vom Gerichte sich geben zu lassen.

## § 17. Sicherung von Vermögenstheilen, Hinterlegung (Deponirung) von Werthpapieren und Ausleihe von Geldern[65]).

**1.** Der Vormund hat die Güter des Mündels zu sichern und zu erhalten. Er hat daher die Vermögensgegenstände, welche nicht aus Zweckmäßigkeitsgründen besser zu verkaufen[66]) sind, sorgfältig aufzubewahren bezw. für deren Aufbewahrung Sorge zu tragen. Dasjenige, was dem Mündel unentbehrlich ist, kann er Diesem zu eigenem Gebrauch überlassen.

Unsicher ausstehende Capitalien sind zu kündigen und einzuziehen, da bei etwa später eintretender Zahlungsunfähigkeit des Schuldners der Vormund dem Mündel für allen aus seiner

---

[65]) §§ 39, 40, 60 d. Vorm.=Ordn.

[66]) Ob der Vormund Sachen verkaufen will, hängt bei Mobilien (beweglichen Sachen) ganz von seinem Ermessen ab, falls nicht der Erblasser Bestimmungen darüber getroffen hat, welche zu befolgen sind (§ 25). Vergl. § 15, Nr. 4.

Säumigkeit erwachsenen Schaden haftet. Werden Zinsen nicht zur gehörigen Zeit bezahlt, so sind sie einzuklagen.

2. Das Vormundschaftsgericht kann anordnen, daß Werthpapiere des Mündels, welche auf den Inhaber lauten oder deren Betrag an den Inhaber (Vorzeiger) ausgezahlt werden kann (z. B. Sparkassenbücher) und Kostbarkeiten (nicht baare Gelder; diese sind zinsbar zu belegen, s. weiter unten) bei der Reichsbank oder bei einer anderen dazu bestimmten Behörde oder Kasse in Verwahrung genommen[67]) (deponirt), oder daß jene Werthpapiere außer Kurs gesetzt werden. Das Vormundschaftsgericht muß diese Verwahrung eintreten lassen, wenn der bestellte[68]) Vormund sie beantragt[69]). Ohne Antrag bezw. gegen den Willen des Vormundes kann das Vormundschaftsgericht jene Anordnung nicht treffen, wenn der Vormund der Vater des Mündels ist, oder wenn der Vater des Mündels, welcher den Vormund ernannt hat, in der gesetzmäßigen Form (§ 36) solche Anordnungen gegen den von ihm ernannten Vormund verboten hat.

3. Gelder, welche zu laufenden oder anderen, durch die Vermögensverwaltung begründeten Ausgaben nicht erforderlich sind, hat der Vormund **im Einverständnisse mit dem Gegenvormunde** in sicheren Schuld-

---

67) Es handelt sich hier um eine bloße Verwahrung. Die Verwaltung liegt dem Vormunde ob, welcher also die Zinsen der Werthpapiere einzuziehen und zu überwachen hat, ob die letzteren gekündigt, ausgeloost 2c. werden. (Die Reichsbank übernimmt jedoch auch derartige Verwaltungsgeschäfte gegen eine geringe Vergütung).

68) Der gesetzliche Vormund hat dieses Recht nicht.

69) Es wird meistens im Interesse des Vormundes selbst liegen, Werthpapiere, welche auf den Inhaber lauten (s. g. Au porteur-Papiere) zu deponiren, da der Vormund auf diese Weise der Sorge für deren sichere Aufbewahrung überhoben ist. Die Zinscoupons und Talons wird der Vormund zweckmäßig zurückbehalten, um die ersteren rechtzeitig einlösen zu können. Werthpapiere, welche auf Namen lauten, z. B. Schuldverschreibungen, Hypothekenbriefe u. s. w., ist das Gericht nicht verpflichtet in Verwahrung zu nehmen oder nehmen zu lassen.

verschreibungen zinsbar anzulegen[70]). Als solche sind nach dem Gesetze anzusehen:

Schuldverschreibungen, welche von dem Deutschen Reiche oder von einem Deutschen Bundesstaate mit gesetzlicher Ermächtigung ausgestellt sind;

Schuldverschreibungen, deren Verzinsung vom Deutschen Reiche oder von einem Deutschen Bundesstaate gesetzlich garantirt ist;

Rentenbriefe der zur Vermittelung der Ablösung von Renten in Preußen bestehenden Rentenbanken;

Schuldverschreibungen, welche von deutschen kommunalen Korporationen (Provinzen, Kreisen, Gemeinden ꝛc.) oder von deren Kreditanstalten ausgestellt und entweder seitens der Inhaber kündbar sind, oder einer regelmäßigen Amortisation unterliegen.

Der Vormund kann die Gelder auch auf Hypotheken oder Grundschulden ausleihen, wenn diese genügende Sicherheit bieten. Eine Hypothek oder Grundschuld wird gesetzlich für sicher erachtet, wenn sie bei ländlichen Grundstücken innerhalb der ersten zwei Drittheile des durch ritterschaftliche, landschaftliche, gerichtliche oder Steuertaxe, bei städtischen innerhalb der ersten Hälfte des durch Taxe einer öffentlichen Feuerversicherungsgesellschaft oder durch gerichtliche Taxe zu ermittelnden Werthes, oder wenn sie innerhalb des fünfzehnfachen

---

70) Vergl. das oben im § 15 Nr. 3 Gesagte. Die Vorschrift bezieht sich nur auf solche Gelder, welche während der Dauer der Vormundschaft verfügbar werden. Befinden sich in dem bei Beginn der Vormundschaft vorhandenen Mündelvermögen oder in einem etwa später dem Mündel zugefallenen Nachlaß andere als die oben bezeichneten Anlagepapiere, z. B. ausländische Staatspapiere, Industrie-Actien ꝛc., so ist der Vormund nicht ohne Weiteres verpflichtet, sich dieser Papiere zu entäußern und die Gelder anderweitig anzulegen. Der Vormund wird vielmehr mit der Sorgfalt eines ordentlichen Hausvaters (§ 9) zu prüfen haben, ob die Veräußerung jener Papiere räthlich oder geboten ist.

Betrages des Grundsteuerreinertrages der Liegenschaft zu stehen kommt[70a]).

Sicheren Hypotheken stehen gesetzlich die mit staatlicher Genehmigung ausgegebenen Pfandbriefe und gleichartigen Schuldverschreibungen solcher Kreditinstitute gleich, welche durch Vereinigung von Grundbesitzern gebildet, mit Korporationsrechten versehen sind und nach ihren Statuten die Beleihung von Grundstücken auf die vorstehend angegebenen Theile des Werths derselben zu beschränken haben.

Ist nach den obwaltenden Umständen eine solche Anlegung der Gelder nicht möglich, so sind dieselben bei der Reichsbank oder bei öffentlichen, obrigkeitlich bestätigten Sparkassen zinsbar zu belegen[71]).

Versäumt oder verzögert der Vormund die Anlegung von Geldern, so muß er die anzulegende Summe mit **sechs vom Hundert** jährlich aus seinem Vermögen verzinsen.

Bemerk. Das Gesetz trifft keine Bestimmung darüber, von welchem Zeitpunkt ab eine Säumniß des Vormundes eintritt. Der Vormund wird nach allgemeinen Grundsätzen dann als säumig anzusehen sein, wenn ein guter Hausvater für die Belegung der Gelder bereits Sorge getragen haben würde. Die Entscheidung hängt daher von dem billigen Ermessen des Gerichts, unter Berücksichtigung der Umstände, ab.

---

[70a]) Hypotheken und Grundschulden, welche sich innerhalb dieser Sicherheitsgrenzen halten, nennt man pupillarisch sichere.

[71]) Die Sparkassen der gewerblichen Genossenschaften (Vorschußvereine ꝛc.) sind keine öffentliche, obrigkeitlich bestätigte Sparkassen, und dürfen daher die verfügbaren Mündelgelder bei solchen nicht belegt werden. Es ist jedoch ausdrücklich darauf hinzuweisen, daß die fragliche Bestimmung sich auf solche Gelder, welche zu den laufenden oder anderen durch die Vermögensverwaltung begründeten Ausgaben bestimmt sind, und deren Unterbringung daher nur auf kurze Zeit erforderlich wird, nicht bezieht. Es steht also gesetzlich nichts im Wege, daß diese Gelder — selbstverständlich unter voller Verantwortlichkeit des Vormundes — bei derartigen Kassen oder auch bei Banquiers ꝛc. zinsbar belegt werden.

4. Der Vormund darf Vermögensgegenstände des Mündels nicht in seinem Nutzen verwenden. Er hat das trotzdem in seinem Nutzen verwandte Geld von der Verwendung an zu verzinsen. Den Zinsfuß bestimmt das Vormundschaftsgericht nach seinem Ermessen **auf acht bis zwanzig vom Hundert.**

Eine Hypothek oder Grundschuld, welche auf einem Grundstück des Vormundes haftet, darf der Vormund für den Mündel nicht erwerben.

## § 18. Die Verwaltung der Grundstücke.

Der Vormund hat für ordnungsmäßige Nutzung der vorhandenen Immobilien (Häuser, ländliche Liegenschaften, Güter rc.) Sorge zu tragen und eine zweckmäßige Art der Verwaltung zu bestimmen. Ob insbesondere ländliche Grundstücke, z. B. Bauerhöfe, in eigene Bewirthschaftung zu nehmen (durch den Vormund selbst, durch die Mutter der Mündel unter Aufsicht des Vormundes, durch einen angestellten Verwalter oder auf andere Art), oder ob sie zu verpachten sind, hängt vom Ermessen des Vormundes ab. Doch sind gültige Anordnungen des Erblassers des Mündels, wie überhaupt, so auch hier thunlichst zu befolgen (vgl. § 25). Ist der Mündel der Großjährigkeit nahe, so wird es zweckmäßig sein, auf seine Bemerkungen und Erinnerungen bei der Verwaltung billige Rücksicht zu nehmen, wie es sich denn überhaupt — in Anbetracht des jetzigen frühen Eintritts der Großjährigkeit — empfiehlt, den erwachsenen Mündel möglichst zu seinen Vermögensangelegenheiten heranzuziehen und die erforderlichen Maßnahmen mit ihm zu besprechen, damit er nach und nach lernt, wie er demnächst sein Vermögen selbständig zu verwalten hat.

Die Pachtcontracte sind thunlichst nur auf die Jahre der Minderjährigkeit abzuschließen. Empfiehlt sich dieses nicht aus wirthschaftlichen oder sonstigen Gründen, so ist zwar eine Verpachtung seitens des Vormundes über den Zeitpunkt der Großjährigkeit des Mündels hinaus zulässig und für den Letzteren verbindlich; es ist jedoch in diesem Falle, sowie dann, wenn es sich um die Verpachtung von Grundstücken handelt, welche zu einem Grundsteuerreinertrag von 3000 M. oder mehr eingeschätzt sind, zur Gültigkeit des Vertrages die Genehmigung des Vormundschaftsgerichts erforderlich (s. § 22).

Die Pachtgelder müssen zur rechten Zeit eingefordert werden, widrigenfalls der Vormund dem Mündel für den Zinsenverlust aufzukommen hat. Ob der Pächter eintretenden Falls einen Nachlaß am Pachtgelde (Remission) verlangen kann, richtet sich nach dem am Orte der Pachtung gültigen Rechte. Vergleiche hierüber bedürfen, wenn der Gegenstand 300 M. übersteigt, der Genehmigung des Vormundschaftsgerichts (§ 22).

Die zum Mündelvermögen gehörenden Gebäude müssen in gutem baulichen Zustande erhalten, Grenzen und Gerechtigkeiten der Grundstücke gesichert und erforderlichen Falls im Rechtswege vertheidigt werden.

Die Veräußerung oder Belastung der Grundstücke ist an die gerichtliche Genehmigung gebunden (§§ 22. 24.).

## § 19. Fortführung und Uebernahme von Erwerbsgeschäften[72]).

Ob ein vom Erblasser des Mündels etwa geführtes Erwerbsgeschäft (Handwerk, kaufmännische Handlung, Fabrik 2c.) fortzusetzen oder aufzugeben ist, hängt davon ab, ob die Fortführung durchführbar und ob sie für den Mündel voraussichtlich vortheilhaft sein wird, was der Vormund nach Lage der Verhältnisse, nöthigenfalls nach zuvorigem Benehmen mit Sachverständigen, und möglichst unter Zuziehung des etwa erwachsenen Mündels oder der Angehörigen Desselben zu ermessen hat. Entschließt er sich für Auflösung des Geschäfts, so muß er die Genehmigung des Vormundschaftsgerichts[73]) dazu einholen, welches Letztere seinerseits vor der Entscheidung den Mün-

[72]) § 42 d. Vorm.-Ordn.

[73]) Vgl. Anm. 34.

del, falls Dieser das achtzehnte Lebensjahr vollendet hat, sowie den Gegenvormund darüber zu hören hat.

In gleicher Weise ist die Genehmigung des Vormundschaftsgerichts erforderlich, wenn der Vormund ein bestehendes Erwerbsgeschäft verändern, oder wenn er ein solches für Rechnung des Mündels übernehmen oder ein neues Geschäft für Denselben gründen will.

## § 20. Annahme und Ausschlagung von Erbschaften. — Rechtswohlthat des Inventars. — Schenkungen[74]).

Der Vormund hat sich eintretenden Falls darüber schlüssig zu machen, ob eine dem Mündel angefallene Erbschaft[75]) oder ein Vermächtniß (Legat) anzutreten[76]) oder auszuschlagen ist. Letzteres wird zu geschehen haben, wenn die Erbschaft offenbar insolvent ist, worüber genaue Ermittelungen anzustellen sind. In zweifelhaften Fällen ist zur Constatirung der Erbschaftsschulden eine Edictalladung beim zuständigen Gerichte zu beantragen. Die Ausschlagung der Erbschaft oder des Vermächtnisses bedarf zu ihrer Gültigkeit der Genehmigung des Vormundschaftsgerichts (die Antretung nicht).

Der sg. Rechtswohlthat des Nachlaßverzeichnisses[77]) (Rechtswohlthat des Inventars) wird der Mündel bei einer ihm

---

[74]) §§ 38, 50 d. Vorm.-Ordn.

[75]) Sollte bei etwaiger Abwesenheit des Vormundes dem Mündel eine Erbschaft anfallen, so wird das Vormundschaftsgericht für Sicherstellung des Nachlasses Sorge tragen, geeignetenfalls auch einen Pfleger zur Wahrnehmung der Rechte des Mündels bestellen.

[76]) Ueber die Verpflichtung zur Entrichtung der Erbschaftssteuer im Falle der Antretung der Erbschaft vergl. § 29, Nr. 4.

[77]) Diese Rechtswohlthat besteht darin, daß der Mündel den Erbschaftsgläubigern und Vermächtnißnehmern nicht über den Bestand des durch die Erbschaft Erworbenen haftet, und ist für andere, nicht bevormundete, Personen dadurch bedingt, daß ein vollständiges Verzeichniß über den Nachlaß binnen einer bestimmten Frist und unter einer bestimmten Form aufgenommen wird.

angefallenen Erbschaft durch Handlungen oder Unterlassungen des Vormundes nicht verlustig.

Der Vormund ist nicht berechtigt, Schenkungen für den Mündel vorzunehmen; doch sind ausnahmsweise solche Schenkungen zulässig, welche üblich sind (wie z. B. Hochzeitsgeschenke an Angehörige des Mündels, Geschenke für einen dem Mündel erwiesenen erheblichen Dienst, z. B. Rettung aus Lebensgefahr u. dergl.) sowie solche, welche durch die Vermögensverwaltung begründet werden.

## § 21. Proceßführung. — Alimentenprocesse.

Dem Vormunde steht die Entscheidung darüber zu, ob für den Mündel ein Proceß geführt oder ein bereits anhängiger Proceß fortgeführt werden soll. Der Vormund hat den Mündel in der Proceßführung sowohl als Kläger wie als Beklagten zu vertreten. Selbstverständlich ergeht das Urtheil gegen ihn nur in seiner Eigenschaft als Vertreter des Mündels und kann nur in das Vermögen des Mündels vollstreckt werden; auch tritt dieser Letztere sofort mit erreichter Großjährigkeit persönlich in den etwa noch anhängigen Proceß ein.

Processe sind nach Möglichkeit zu vermeiden und ist in zweifelhaften Sachen ein Vergleich vorzuziehen. Vergleiche kann der Vormund selbständig abschließen, ausgenommen, wenn deren Gegenstand entweder unschätzbar[77a]) ist oder die Summe von 300 M. übersteigt; in diesen beiden Fällen ist die Genehmigung des Vormundschafsgerichts erforderlich.

Steht dem bevormundeten unehelichen Kinde nach dem Rechte des betreffenden Landestheils ein Anspruch auf Alimente gegen den unehelichen Erzeuger zu, so ist dieser Anspruch nöthigenfalls im Rechtswege vom Vormunde gegen den Letzteren geltend zu machen. Vergleiche über die Alimentationsverpflichtung bedürfen, da sie die Summe von 300 M. übersteigen werden, nach

77a) S. Anm. 85.

dem im vorstehenden Absatz Gesagten der Genehmigung des Vormundschaftsgerichts. Mit etwaigen Entschädigungsansprüchen der unehelichen Mutter gegen den Schwängerer hat der Vormund des Kindes als solcher nichts zu thun.

## § 22. Rechtsgeschäfte des Vormundes, welche einer besonderen Genehmigung bedürfen[78]).

Es ist bereits an einzelnen Stellen erwähnt, daß zur Gültigkeit gewisser Geschäfte des Vormundes[79]) eine besondere Genehmigung erforderlich sei. Diese Geschäfte sind die nachstehend bezeichneten:

A. Geschäfte, zu deren Gültigkeit es der Genehmigung des **Gegenvormundes** bedarf[80]).

1. Veräußerung (Verkauf, Umtausch, Verpfändung rc.) von Werthpapieren des Mündels;

2. Einziehung[81]), Abtretung (Cession) und Verpfändung von

---

[78]) §§ 41, 42, 46, 47 d. Vorm.-Ordn.

[79]) Werden die Rechtsgeschäfte von dem Mündel selbst mit Einwilligung des Vormundes abgeschlossen (vergl. § 14), so versteht es sich von selbst, daß auch für den Mündel die Genehmigung des Gegenvormundes bezw. des Vormundschaftsgerichts erforderlich ist.

[80]) Wenn ein Gegenvormund nicht bestellt ist, oder wenn der bestellte Gegenvormund verstorben (oder unfähig geworden) sein sollte, so hat der Vormund, welcher eine der unter A 1—3 bezeichneten Handlungen vornehmen will, dem Vormundschaftsgerichte von der Sachlage Anzeige zu machen, welches dann für die Bestellung eines (anderen) Gegenvormundes Sorge tragen wird.

Nur der gesetzliche (§ 7) und der rechtsgültig befreite Vormund (§ 36 1 c u. f) können die bezeichneten Geschäfte ohne Beitritt eines Gegenvormundes gültig vornehmen (vergl. jedoch § 22 am Ende).

[81]) Derjenige, welcher einer Vormundschaft ein Capital schuldet, wird daher, wenn er vorsichtig ist, nur dann an den Vormund zahlen, wenn er der Einwilligung des Gegenvormundes sicher ist, da er sonst zu Schaden kommen kann.

Capitalien[81a]) des Mündels (gleichviel ob dieselben gegen Sicherheit oder ohne solche ausstehen).

Bemerk. Die Genehmigung ist ausnahmsweise nicht erforderlich, wenn es sich um Capitalien handelt, welche bei einer Sparkasse belegt sind.

3. Aufgabe oder Minderung der für eine Forderung des Mündels bestellten Sicherheit (z. B. Hypothek, Bürgschaft ꝛc.).

Statt der Genehmigung des Gegenvormundes kann zu vorstehenden Geschäften auch (z. B. wenn der Gegenvormund unbegründete Schwierigkeiten machen sollte) die Genehmigung des Vormundschaftsgerichts eingeholt werden, welches Letztere freilich vor seiner Entscheidung erst den Gegenvormund anzuhören hat.

B. Geschäfte, zu deren Gültigkeit es der Genehmigung des **Vormundschaftsgerichts**[82]) bedarf (die Genehmigung des Gegenvormundes genügt nicht):

1. die Entlassung des Mündels aus der Preußischen Staatsangehörigkeit;

2. die Annahme des Mündels an Kindesstatt (Adoption, Arrogation);

3. der Eintritt des Mündels in eine Einkindschaft;

4. die Erbauseinandersetzung des Mündels mit seinen Miterben (s. § 23);

Bemerk. Geschieht die Auseinandersetzung durch ein gerichtliches Urtheil, so ist natürlich eine Genehmigung des Vormundschaftsgerichts nicht erforderlich.

5. die Veräußerung[83]) oder Belastung (z. B. mit Hy-

---

[81a]) Die Zinsen der ausstehenden Capitalien, sowie sonstige laufende Eingänge darf dagegen der Vormund allein einziehen; dahin gehören insbesondere auch die Pachtgelder.

[82]) An Stelle der Genehmigung des Gerichts tritt die des Familienraths, wenn ein solcher vorhanden ist. — Vor der Ertheilung der Genehmigung hat übrigens das Gericht (der Familienrath) den Gegenvormund über die Sache zu hören. Vergl. § 39[4].

[83]) Ueber die Art der Veräußerung vergl. § 24. Uebrigens ist

pothеken, Grundschulden, Servituten ꝛc.) **unbeweglicher** [84]) Sachen des Mündels (wenn diese nicht etwa im Zwangsverfahren gegen den Letzteren erfolgt);

6. der Erwerb **unbeweglicher** Sachen durch einen Vertrag, welcher dem Mündel eine Gegenleistung auferlegt (sg. lästiger Vertrag, z. B. Kauf, Tausch);

7. die Verpachtung oder Vermiethung unbeweglicher Sachen, wenn der Vertrag über das Alter der Großjährigkeit hinaus gelten soll, sowie die Verpachtung von Grundstücken, die zu einem Grundsteuerreinertrag von 3000 M. oder mehr eingeschätzt sind (vgl. § 18);

8. die Abschließung von Vergleichen, wenn deren Gegenstand unschätzbar[85]) ist oder die Summe von 300 M. übersteigt;

9. die Veränderung oder Auflösung, sowie die Neubegründung oder Uebernahme eines Erwerbsgeschäfts (§ 19);

10. die Eingehung wechselmäßiger Verbindlichkeiten;

Bemerk. Zur Eingehung wechselmäßiger Verbindlichkeiten kann das Vormundschaftsgericht eine allgemeine Ermächtigung ertheilen, wenn sie durch die vormundschafliche Vermögensverwaltung erforderlich wird.

11. die Ertheilung einer Prokura (kommt nur bei Kaufleuten vor);

12. die **Aufnahme von Darlehen;**

13. die Uebernahme fremder Verbindlichkeiten auf das Vermögen des Mündels (z. B. einer Bürgschaft);

---

auch der Mündel, sofern er 18 Jahre alt ist, über die Veräußerung des Grundstücks vom Vormundschaftsgerichte zu hören (s. § 33 [1]).

84) Bewegliche Sachen kann der Vormund nach seinem Ermessen ohne Genehmigung des Gerichts gültig veräußern. Vergl. § 15 Nr. 4 und Anm. 66.

85) Unschätzbar sind solche streitige Sachen, deren Gegenstand eine sichere Schätzung nicht zuläßt, sodaß nicht beurtheilt werden kann, ob der Werth ein größerer oder ein geringerer ist. Dagegen sind solche Gegenstände nicht unschätzbar, deren Werth annähernd feststeht, sodaß es sich nur um kleine Differenzen handeln kann.

**14.** die Entsagung einer Erbschaft oder eines Vermächtnisses (Legats) (§ 20).

Sind die vorstehend bezeichneten Geschäfte ohne die erforderliche Genehmigung geschlossen, so sind sie an und für sich ungültig. Jedoch können sie durch die nachträgliche Ertheilung der Genehmigung, sowie auch dadurch gültig werden, daß der Mündel nach erreichter Selbständigkeit sie freiwillig anerkennt.

In allen anderen Rechtsangelegenheiten als den vorstehend bezeichneten muß der Vormund **selbständig** nach pflichtmäßigem Ermessen für den Mündel handeln (vergl. jedoch § 25). Eine Einwilligung des Vormundschaftsgerichts oder eine Anzeige an Dasselbe ist nicht erforderlich, und wird durch die etwaige Zustimmung des Gerichts oder die Kenntniß desselben von der Vornahme der Handlung die Verantwortlichkeit des Vormundes dem Mündel gegenüber in keiner Weise verringert (vergl. § 32 und Anmerk. 62).

Der Vater des Mündels ist berechtigt, in der gesetzmäßigen Form (s. § 36) den von ihm ernannten Vormund von der Nothwendigkeit der Genehmigung des Gegenvormundes oder des Vormundschaftsgerichts zu den oben bezeichneten Handlungen zu befreien. (Nur die vorstehend unter B. Nr. 1—3 bezeichneten Geschäfte bedürfen unter allen Umständen der Genehmigung des Vormundschaftsgerichts). Im Falle solcher Befreiung hat das Vormundschaftsgericht dem Vormunde in der ihm auszuhändigenden Bestallung (§ 3) die allgemeine Ermächtigung zur Vornahme der gedachten Handlungen zu ertheilen. Erst durch diese Ermächtigung des Gerichts (nicht schon durch die Anordnung des Vaters allein) tritt die Rechtswirkung der Befreiung ein, d. h. werden die ohne Genehmigung abgeschlossenen Geschäfte rechtsgültig.

## § 23. Von der Erbauseinandersetzung des Mündels insbesondere.

Ist der Mündel Erbe geworden und sind Miterben vorhanden, so hat der Vormund zu ermessen, ob die Erbauseinandersetzung (zu welcher die gerichtliche Genehmigung erforderlich) sofort herbeizuführen oder etwa bis zur erreichten Großjährigkeit des Mündels oder bis zu einem anderen Zeitpunkte auszusetzen sei[86]). Selbstverständlich ist die Einwilligung der Miterben zur Aussetzung erforderlich. Die Erbauseinandersetzung wird meist nach erreichter Großjährigkeit des Mündels leichter und rascher von Statten gehen, da bei einer Auseinandersetzung während bestehender Vormundschaft der Vormund zu seiner eigenen Sicherheit vorsichtiger und formeller zu Wege gehen wird. Die Aussetzung wird sich auch aus sonstigen Gründen in einzelnen Fällen empfehlen, z. B. wenn ein Nachlaßgrundstück oder ein Erwerbsgeschäft nur mit den gemeinsamen Mitteln aller Erben erhalten werden könnte. Auch der Umstand, daß sämmtliche Betheiligte wünschen, mit der Mutter die bisherige gemeinschaftliche Haushaltung und Wirthschaft fortzusetzen, kann den Vormund, falls nicht besondere Gründe entgegenstehen, veranlassen, die Erbtheilung einstweilen auszusetzen.

Ist die Vornahme der Auseinandersetzung während bestehender Vormundschaft vonnöthen, so kann dieselbe vor Gericht, vor einem Notar oder auch mittelst Privatschrift erfolgen[87]).

Der Erbauseinandersetzung steht bezüglich der Aussetzungs-

---

[86]) Der Satz des Preußischen Landrechts, wonach sofort nach der Aufnahme des Inventars von Amtswegen eine gerichtliche Nachlaßregulirung eingeleitet wird, ist durch die betreffende Bestimmung der Vormundschafts-Ordnung aufgehoben.

[87]) Im Bezirke des Appellationsgerichtshofes zu Cöln erhält die Erbauseinandersetzung durch die Genehmigung des Vormundschaftsgerichts dieselbe Gültigkeit, als wäre sie nur von großjährigen Personen vorgenommen worden. § 43 d. Vorm.-Ordn.

frage die Theilung gütergemeinschaftlichen Vermögens zwischen dem überlebenden Ehegatten und den Erben des Verstorbenen gleich[88]).

## § 24. Von der Veräußerung unbeweglicher Sachen insbesondere[89]).

Gleich wie zur Veräußerung der unbeweglichen Sachen des Mündels die Genehmigung des Vormundschaftsgerichts erforderlich ist (§ 22 B. Nr. 5), so ist es auch dem Ermessen dieses Letzteren überlassen, zu bestimmen, in welcher Weise (ob durch gerichtliche oder notarielle[90]) Versteigerung oder durch Verkauf aus freier Hand) die Veräußerung vorgenommen werden soll. Der Vormund hat daher dem Vormundschaftsgerichte die geeigneten Vorschläge zu machen. Das Gericht hat vor seiner Entscheidung die Ansicht des Gegenvormundes zu hören (§ 39 Nr. 4).

Der Vater des Mündels ist übrigens berechtigt, in der gesetzmäßigen Form (§ 36) zu bestimmen, daß der Vormund wegen der Art der Veräußerung unbeweglicher Sachen an die Genehmigung des Vormundschaftsgerichts nicht gebunden sein soll. Diese Befreiung wird jedoch erst dann wirksam, wenn das Betreffende in der dem Vormunde auszuhändigenden Bestallung (§ 3) bemerkt ist. Vergl. § 22 am Ende.

---

88) Die im Art. 2109 des Rheinischen Civilgesetzbuchs bestimmte Frist beginnt mit dem Tage der richterlichen Genehmigung der Erbauseinandersetzung. § 43 d. Vorm.-Ordn.

89) § 44 d. Vorm.-Ordn.

90) Erfolgt die Veräußerung durch notarielle Versteigerung, so finden in dem Bezirke des Appellationsgerichtshofes zu Cöln die Vorschriften des Gesetzes vom 18. April 1855 über die Versteigerung durch einen Notar mit der Maßgabe Anwendung, daß die der Rathskammer oder dem Präsidenten des Landgerichts zugewiesene Thätigkeit von dem Vormundschaftsgericht auszuüben ist. Das Vormundschaftsgericht bestimmt nach freiem Ermessen, in welcher Art die Versteigerung bekannt zu machen ist. Vorm.-Ordn. § 44.

Selbstverständlich werden die Rechte der etwaigen großjährigen Miteigenthümer der Grundstücke durch die Bestimmung des Vormundschaftsgerichts über die Art der Veräußerung nicht beschränkt. Kann eine gütliche Einigung mit Diesen über die Veräußerung nicht erzielt werden, so muß entweder zuvor eine reelle Theilung herbeigeführt oder der (ideelle) Antheil des Mündels allein veräußert werden.

## § 25. Einfluß von Anordnungen des Erblassers des Mündels auf die Verwaltung im Einzelnen[91]).

Hat ein Erblasser des Mündels über die Verwaltung oder die Veräußerung der zu seinem Nachlasse gehörigen Gegenstände Bestimmungen für den Vormund getroffen, so sind diese zu befolgen[92]). Sind jedoch Umstände eingetreten, welche die Befolgung als nachtheilig für den Mündel erscheinen lassen, so hat der Vormund die Angelegenheit dem Vormundschaftsgericht vorzutragen und ist nur mit dessen Genehmigung befugt, von diesen Bestimmungen abzugehen.

## § 26. Rechtsgeschäfte mit dem Vormunde selbst.

Der Vormund kann als Vertreter des Mündels mit sich selbst keine Rechtsgeschäfte eingehen. Ist der Abschluß eines Rechtsgeschäfts mit dem Vormunde erforderlich oder zweckmäßig, so ist dem Vormundschaftsgerichte Mittheilung zu machen, welches alsdann dem Mündel für diese besondere Angelegenheit einen Pfleger beiordnen wird (s. unten § 54). Der Vormund tritt dann mit dem Pfleger in Verhandlung, bis die Angelegenheit geordnet ist.

Ist der Vormund bei Uebernahme der Vormundschaft Schuldner oder Gläubiger des Mündels, so wird es sich empfehlen, dieses Verhältniß thunlichst bald zu lösen. Geeigneten Falls wird

---

91) § 36 d. Vorm.-Ordn.

92) Vergl. Anm. 119.

ein Pfleger ernannt werden können, um zu prüfen, ob die dem Mündel gegen den Vormund zustehende Forderung gesichert ist.

## § 27. Von der Ablage der Vormundschaftsrechnungen[93]).

**1.** Das Vormundschaftsgericht soll alljährlich vom Vormunde **Rechnungslegung über die Vermögensverwaltung** fordern. Bei Verwaltungen von geringerem Umfange kann, wenn die Rechnung des ersten Jahres gelegt ist, die Frist für die folgenden auf zwei bis drei Jahre vom Vormundschaftsrichter bestimmt werden. Mehrere zu ungetrennter Verwaltung bestellte Vormünder (§ 11) legen die Rechnung gemeinschaftlich.

Die Rechnung muß einen Vorbericht über den Ab- und Zugang[94]) des Vermögens enthalten. Die Beläge zur Einnahme (soweit solche überhaupt beigebracht werden können) und zur Ausgabe sind beizufügen. Unter der Rechnung hat der Vormund die schriftliche Erklärung abzugeben, daß er alle Einnahmen verrechnet habe und außer den in der Rechnung aufgeführten vormundschaftlichen Vermögensstücken andere nicht verwahre.

Die Rechnung, welche gewöhnlich im Anfange Januar jedes

---

[93]) §§ 56, 57 d. Vorm.-Ordn.

[94]) d. h. Ab- und Zugang während der Rechnungsperiode. Die Vormundschaftsrechnung gründet sich zunächst auf das bei Beginn der Vormundschaft aufgenommene Güterverzeichniß (§ 16). Der Vorbericht ist bestimmt, die Veränderungen, welche bis zur Rechnungsablage in dem aus dem Güterverzeichnisse (bezw. bei späteren Rechnungsablagen aus den früheren Rechnungen) sich ergebenden Vermögensbestande vorgekommen sind, darzulegen. Der Vorbericht über Ab- und Zugang muß daher auf das Güterverzeichniß bezw. die in den früheren Rechnungen bereits vorhandenen Vorberichte Bezug nehmen. Um die Uebersicht zu vereinfachen, wird es sich — besonders wenn erhebliche Veränderungen, z. B. umfangreiche Verkäufe, stattgefunden haben — empfehlen, von Zeit zu Zeit statt des Vorberichts ein ganz neues Güterverzeichniß aufzusetzen und der Vormundschaftsrechnung beizufügen.

Jahres für das vergangene Kalenderjahr abgelegt wird (die erste Rechnung läuft vom Beginn der Vormundschaft entweder bis zum Schluß des ersten Kalenderjahres oder, wenn dieser Zeitraum zu kurz ist, bis zum Schluß des folgenden Kalenderjahres) ist vom Vormunde dem Gegenvormunde vorzulegen, und Diesem der aus der Rechnung sich ergebende Vermögensbestand nachzuweisen. Der Gegenvormund hat eintretenden Falls seine zu der Rechnung zu machenden Bemerkungen (s. § 39[6]) auf derselben zu verzeichnen und die Rechnung dem Vormunde zurückzugeben. Dieselbe ist alsdann vom Vormunde dem Vormundschaftsgericht einzureichen.

Ueber die Einrichtung der Rechnung bestehen weitere gesetzliche Vorschriften nicht. Dieselbe wird zweckmäßig nach dem dieser Schrift in der Beilage B. (s. am Schluß) **angefügten Formulare** angelegt. Beilage B.

Zur Erläuterung des Formulars bezw. zur Ergänzung wird das Folgende bemerkt:

Es müssen in der Rechnung alle Einnahmen und Ausgaben, welche im Rechnungsjahre vorgekommen sind, aufgeführt sein.

Bei jedem Posten ist das Datum beizufügen.

Bei Einnahmen ist der Grund derselben, soweit erforderlich, anzugeben; die etwa vorhandenen Beläge (Auctionsprotokolle, Pachtverträge u. dergl.) sind beizufügen.

Für jede Ausgabe (abgesehen von ganz unbedeutenden, bei denen die Ausstellung einer Quittung nicht üblich oder schwer zu beschaffen) ist ein Belag (Quittung u. s. w.) beizubringen. Ist der Empfänger schreibensunfähig, so hat er die Quittung zu unterkreuzen; die Unterkreuzung ist durch eine dritte Person zu bescheinigen.

Die Beläge zur Einnahme sind zweckmäßig mit Buchstaben die zur Ausgabe mit Zahlen zu bezeichnen.

Kommen in der Rechnung Ausgaben vor, welche einer besonderen Erläuterung bedürfen, so ist diese zu geben. Insbesondere ist das Erforderliche wegen der persönlichen Verhältnisse des Mündels, dessen Aufenthalt, Erziehung 2c. anzugeben, damit der Richter die Richtigkeit und Angemessenheit der dafür angesetzten Ausgaben prüfen kann. Am Zweckmäßigsten wird es sein, wenn regelmäßig im Vorbericht der Rechnung eine kurze Mittheilung über die persönlichen Verhältnisse des Mündels gemacht wird.

Die Beläge (sowie selbstverständlich die Rechnung selbst) sind zu heften und zu numeriren (die Rechnung mit Seitenzahl zu versehen).

Sind vom Vormundschaftsgerichte Erinnerungen (Monita) zur Rechnung gestellt und dieselben nicht gleich in einem zu diesem Zwecke angesetzten Termin oder sonst erledigt worden, so muß die nächste Rechnung die Beantwortung der Erinnerungen (entweder vor dem Eingange der Rechnung oder in einer besonderen Anlage) enthalten.

Wenn der Vormund es nicht versteht, die Rechnung selbst gehörig einzurichten, so muß er dieselbe von einer sachkundigen Person nach seinen Angaben aufsetzen lassen. Da er bei der Aufstellung der Rechnung meist der vorjährigen Rechnung bedürfen wird, so ist es zweckmäßig, daß der Vormund vor Einreichung der Rechnung an das Gericht eine Abschrift derselben (die aber vollständig genau sein muß) für sich zurückbehält, oder daß er sich vom Gerichte eine Abschrift ertheilen läßt, in welch letzterem Falle er am Schlusse der Rechnung darum bittet. Die Abschrift kann ihm dann zugleich mit den vom Gerichte etwa gemachten Erinnerungen zugefertigt werden.

Wenn die mehreren Mündel nicht mehr in ungetheilten Gütern sich befinden, so versteht es sich von selbst, daß für jeden Mündel eine besondere Rechnung geführt wird. Wird für mehrere Mündel nur eine Rechnung geführt, so ist dasjenige, was ein Jeder von ihnen in dem Rechnungsjahre besonders gekostet hat oder was für Einen derselben etwa besonders vereinnahmt ist, in der Rechnung ersichtlich zu machen.

2. Ob und in welcher Weise Rechnung gelegt werden soll, hat übrigens das Vormundschaftsgericht näher zu bestimmen. In Fällen, wo die Einkünfte des Mündelvermögens etwa der Mutter oder einem Dritten gegen die Bestreitung der Erziehungs- und Verpflegungskosten überlassen werden, oder wo z. B. der das Mündelvermögen ausmachende Bauerhof in eine Interimswirthschaft gegeben ist, kann das Gericht von einer förmlichen Rechnungslegung absehen.

Findet eine Rechnungsablage nicht statt, so hat der Vormund auf Erfordern des Vormundschaftsgerichts alle zwei Jahre oder in längeren Zwischenräumen eine **Uebersicht des Vermögensbestandes** einzureichen, welche vorher dem Gegenvormunde unter Nachweisung des Bestandes vorzulegen und von Diesem mit seinen Bemerkungen zu versehen ist (s. § 39[7]).

**3.** Das Vormundschaftsgericht[95]) unterzieht die vom Vormunde eingereichte Rechnung einer genauen Prüfung und theilt dem Vormunde die Erinnerungen, welche gegen die Rechnung zu machen waren, zur Abstellung mit. Der Vormund erhält nach Erledigung dieser Erinnerungen die Beläge mit einem Bemerke des erfolgten Gebrauchs versehen zurück. Der Vormund hat dieselben sorgfältig aufzubewahren, da sie demnächst der Schlußrechnung (§ 28) als Beläge wieder beizufügen sind. Das Original der Rechnung verbleibt beim Vormundschaftsgerichte.

**4.** Der Vater, die Mutter, der Ehemann, die Ehefrau (wenn sie Vormünderin über ihren großjährigen Ehemann ist, s. § 49) und die Großeltern des Mündels sind von der Rechnungslegung während der Vormundschaft frei[96]). Auch Derjenige ist zur Rechnungsablage nicht verpflichtet, welcher vom Vater oder der Mutter des Mündels in der gesetzlichen Form (§ 36) davon befreit ist.

Der Vater des Mündels (aber auch nur Dieser allein) ist ferner von der Verpflichtung zur Einreichung der vorstehend unter Nr. 2 erwähnten Uebersicht des Vermögensbestandes frei.

**5.** Wenn ein Erblasser die Offenlegung des Verzeichnisses seines Nachlasses verboten hat (§ 36), so wird über das hiervon betroffene Vermögen auch eine Rechnung nicht abgelegt und eine Uebersicht des Vermögensbestandes nicht eingereicht.

---

[95]) Vergl. Anm. 34.

[96]) Von der Ablage der Schlußrechnung dem selbständig gewordenen Mündel gegenüber sind sie nicht frei (vergl. d. folgenden §).

## § 28. Von der Schlußrechnung und der Herausgabe des Mündelvermögens[97]).

**1.** Ist das Amt des Vormundes beendet (§ 8), so hat Derselbe das von ihm verwaltete **Vermögen herauszugeben**[98]) und binnen zwei Monaten über seine gesammte Vermögensverwaltung vom Beginn bis zur Beendigung der Vormundschaft **Schlußrechnung abzulegen.** Die Herausgabe und Rechnungsablage geschieht an den Mündel selbst bezw. dessen Erben; ist nur der Vormund für seine Person aus dem Vormundsamte ausgeschieden und ein anderer Vormund bestellt, so ist Diesem Rechnung zu legen und das Vermögen auszuantworten.

Die Schlußrechnung ist zunächst dem Gegenvormunde vorzulegen, der dieselbe mit seinen etwaigen Bemerkungen zu versehen hat. Hiernächst ist die Rechnung dem Vormundschaftsgericht einzureichen. Dieses legt[99]) die Rechnung dem bisherigen Mündel bezw. dessen Rechtsnachfolger oder dem neuen Vormunde zur Erklärung vor, und hat, wenn keine Ausstellungen von Diesen gemacht werden, die Entlastung (Decharirung) (s. unten Nr. 2) des gewesenen Vormundes herbeizuführen.

Der Vormund[100]), welcher überhaupt Vermögen zu verwalten gehabt hat, ist unbedingt verpflichtet, eine Schlußrechnung abzulegen und kann hiervon selbst von den

---

[97]) §§ 67 bis 70 d. Vorm.-Ordn.

[98]) Das Vermögen muß auf Verlangen sofort herausgegeben werden; eine Frist dafür hat der Vormund gesetzlich nicht.

[99]) Zur Prüfung der Rechnung ist das Gericht nicht verpflichtet. Dies ist vielmehr jetzt Sache des selbständig gewordenen Mündels.

[100]) Die Pflicht zur Legung der Schlußrechnung geht auf den Verwalter im Concursverfahren (d. h. wenn der Vormund in Concurs gerathen ist) und auf die Erben des Vormundes über. Die zweimonatliche Frist beginnt für die Erben vom Todestage des Vormundes, oder wenn ihnen eine Ueberlegungsfrist zusteht (ob sie die Erbschaft des gewesenen Vormundes antreten wollen), vom Anfange der letzteren.

Eltern oder dem Erblasser des Mündels nicht befreit werden. Nur der großjährig gewordene Mündel kann, wenn er will, dem gewesenen Vormunde die Ablegung der Schlußrechnung erlassen.

Auf die Vorbereitung der demnächstigen Schlußrechnung ist frühzeitig Bedacht zu nehmen, besonders von Demjenigen, welcher während der Dauer der Vormunnschaft von der regelmäßigen Rechnungsablage befreit ist (s. § 27 Nr. 4). Der sorgsame Vormund wird bei irgendwie erheblicher Vermögensverwaltung oder bei längerer Dauer der Vormundschaft jedenfalls für sich über alle Einnahmen und Ausgaben der Vormundschaft Buch führen und die nöthigen Beläge sammeln und aufbewahren. Die Verabsäumung dieser Vorsicht würde ihn der Gefahr unliebsamer Prozesse aussetzen.

Hat der Vormund bereits regelmäßige Rechnungen abgelegt, so werden diese zugleich die Schlußrechnung bilden, welche nöthigenfalls bis zum Tage der Großjährigkeit zu ergänzen ist. Ist während der Dauer der Vormundschaft keine Rechnung gelegt, so muß die Schlußrechnung in übersichtlicher Weise unter Zugrundelegung des bei Beginn der Vormundschaft aufgenommenen Güterverzeichnisses (§ 16) alle Vorkommnisse der Vermögensverwaltung darlegen und den Bestand des an den gewesenen Mündel bezw. seinen Vertreter auszukehrenden Vermögens mit Klarheit ersichtlich machen.

2. Der bisherige Mündel, dessen Rechtsnachfolger (Erbe) oder der etwa neu bestellte Vormund sind verpflichtet, dem gewesenen Vormunde über treu und richtig geführte Vormundschaft und über die stattgehabte Ausantwortung des Vermögens Quittung und Entlastung zu ertheilen. Sie sind hierzu auch dann verpflichtet, wenn sie noch einzelne Ausstellungen gegen die geführte Verwaltung zu machen haben, jedoch berechtigt, dieserhalb einen Vorbehalt bei der Ertheilung der Quittung und Entlastung zu machen. Werden die letzteren (Quittung und Entlastung) schriftlich aufgesetzt, so muß der Vorbehalt in die Urkunde mitaufgenommen sein; sonst ist derselbe wirkungslos.

Die Anerkennung der abgelegten Rechnung schließt übrigens den Beweis eines Irrthums oder Betruges in der Rechnung nicht aus.

3. Ueber die Rückgabe der etwa bestellten Sicherheit bei Beendigung der Vormundschaft siehe § 30 Nr. 3.

## IV. Von einigen besonderen Obliegenheiten des Vormundes.

### § 29. Stellung von Strafanträgen — Anmeldung zur Stammrolle — Impfung — Erbschaftssteuer.

1. Der Vormund hat als gesetzlicher Vertreter des minderjährigen, sowie des geisteskranken und des taubstummen Mündels das Recht (unabhängig von dem Willen des Mündels), einen **Strafantrag** auf Verfolgung derjenigen, gegen den Mündel verübten strafbaren Handlungen zu stellen, welche nur auf Antrag verfolgt werden können[101]. Diese sind:

Hausfriedensbruch, § 123 des Reichsstrafgesetzbuchs[101a];

Verschweigung eines gesetzlichen Ehehindernisses, § 170;

Ehebruch, § 172;

Unzüchtige Handlungen, Nothzucht, Verführung zum Beischlaf, §§ 176, 177, 179, 182;

Beleidigung, §§ 185—196;

Körperverletzung, §§ 223—232;

Entführung, §§ 236, 237;

Nöthigung, § 240;

Bedrohung mit einem Verbrechen, § 241;

---

[101]) Eine Verpflichtung zur Stellung eines Strafantrages liegt dem Vormunde im Allgemeinen nicht ob. Er hat nach vernünftigem Ermessen darüber zu entscheiden, ob die Stellung des Antrages im Interesse des Mündels oder im allgemeinen Interesse nothwendig oder nützlich ist.

[101a]) Eine sehr handliche Ausgabe des Reichsstrafgesetzbuchs von Rüdorff, Preis cartonnirt 90 Pf., ist bei Guttentag in Berlin erschienen.

Diebstahl und Unterschlagung gegen Angehörige u. s. w., § 247;
Betrug gegen Angehörige u. s. w., § 263;
Vereitelung einer Zwangsvollstreckung, § 288;
Widerrechtliche Benutzung, § 289;
Unberechtigte Jagdausübung, § 292;
Verletzung des Briefgeheimnisses, § 299;
Unbefugte Offenbarung von Privatgeheimnissen, § 300;
Erschleichung von Schuld- und Ehrenscheinen, Wechseln u. s. w. von Minderjährigen, §§ 301, 302 [102]);
Sachbeschädigung, § 303;
Unbefugtes Fischen u. s. w., § 370, 4—6.

---

[102]) Diese zum Schutze des unerfahrenen Minderjährigen durchaus nothwendigen Strafbestimmungen sind wohl noch nicht genügend bekannt, und werden deshalb nachstehend wörtlich mitgetheilt:

§ 301. Wer in gewinnsüchtiger Absicht und unter Benutzung des Leichtsinns oder der Unerfahrenheit eines Minderjährigen sich von demselben Schuldscheine, Wechsel, Empfangsbekenntnisse, Bürgschaftsinstrumente oder eine andere, eine Verpflichtung enthaltende Urkunde ausstellen oder auch nur mündlich ein Zahlungsversprechen ertheilen läßt, wird mit Gefängniß bis zu sechs Monaten oder mit Geldstrafe bis zu fünfhundert Thalern bestraft.

Die Verfolgung tritt nur auf Antrag ein.

§ 302. Wer in gewinnsüchtiger Absicht und unter Benutzung des Leichtsinns oder der Unerfahrenheit eines Minderjährigen sich von demselben unter Verpfändung der Ehre, auf Ehrenwort, eidlich oder unter ähnlichen Versicherungen oder Betheuerungen die Zahlung einer Geldsumme oder die Erfüllung einer anderen, auf Gewährung geldwerther Sachen gerichteten Verpflichtung aus einem Rechtsgeschäfte versprechen läßt, wird mit Gefängniß bis zu einem Jahre, oder mit Geldstrafe bis zu eintausend Thalern bestraft. Neben der Gefängnißstrafe kann auf Verlust der bürgerlichen Ehrenrechte erkannt werden.

Dieselbe Strafe trifft denjenigen, welcher sich eine Forderung, von der er weiß, daß deren Berichtigung ein Minderjähriger in der vorbezeichneten Weise versprochen hat, abtreten läßt.

Die Verfolgung tritt nur auf Antrag ein.

Uebrigens steht dem nicht geisteskranken und nicht taubstummen Mündel, abgesehen von diesem Rechte des Vormundes, auch selbständig das Recht zu, auf Bestrafung anzutragen, wenn er das 18. Lebensjahr vollendet hat.

2. Der Vormund hat, wenn der Mündel innerhalb der Zeit vom 15. Januar bis 1. Februar desjenigen Jahres, in welchem er das zwanzigste Lebensjahr vollendet, abwesend ist, diesen zur **Stammrolle** bei der dieselbe führenden Behörde anzumelden[103]).

Bemerk. Die Anmeldung hat zu geschehen bei der Ortsbehörde desjenigen Ortes, an welchem der Mündel seinen dauernden Aufenthalt hat. Hat er keinen dauernden Aufenthalt, so geschieht die Anmeldung bei der Ortsbehörde seines Wohnsitzes, d. h. desjenigen Ortes, an welchem sein, oder, sofern er noch nicht selbständig ist, seiner Eltern oder Vormünder ordentlicher Gerichtsstand sich befindet. (Hat der Mündel innerhalb des Deutschen Reichsgebiets weder einen dauernden Aufenthalt noch einen Wohnsitz, so geschieht die Meldung in seinem Geburtsorte, und wenn dieser im Auslande liegt, in demjenigen Orte, in welchem die Eltern oder Familienhäupter ihren letzten Wohnsitz hatten.)

Bei der Anmeldung zur Stammrolle ist das Geburtszeugniß des Mündels (welches zu diesem Zwecke kostenfrei ertheilt wird) vorzulegen, sofern nicht die Anmeldung am Geburtsorte selbst erfolgt.

Die Unterlassung dieser Meldung seitens des Vormundes wird mit Geldstrafe bis zu 30 M. oder mit Haft bis zu 3 Tagen bestraft[104]).

3. Der Vormund hat dafür Sorge zu tragen, daß eintretenden Falls der Mündel der durch das Reichsimpfgesetz gebotenen **Impfung** unterzogen werde.

Bemerk. Die Unterlassung ist mit Strafe bedroht. Impfgesetz vom 8. April 1874:

§ 12. Eltern, Pflegeeltern und Vormünder sind gehalten, auf amtliches Erfordern mittelst der vorgeschriebenen Bescheinigungen (§ 10) den Nachweis zu führen, daß die Impfung ihrer Kinder und

---

[103]) Deutsche Wehrordnung vom 28. Sept. 1875, §§ 20, 23.
[104]) Reichsmilitairgesetz vom 2. Mai 1874, § 33.

Pflegebefohlenen erfolgt oder aus einem gesetzlichen Grunde unterblieben ist.

§ 14. Eltern, Pflegeeltern und Vormünder, welche den nach § 12 ihnen obliegenden Nachweis zu führen unterlassen, werden mit einer Geldstrafe bis zu 50 M. bestraft.

Eltern, Pflegeeltern und Vormünder, deren Kinder und Pflegebefohlene ohne gesetzlichen Grund und trotz erfolgter amtlicher Aufforderung der Impfung oder der ihr folgenden Gestellung (§ 5) entzogen geblieben sind, werden mit Geldstrafe bis zu 50 M. oder mit Haft bis zu drei Tagen bestraft.

**4. Der Vormund hat für die Entrichtung der Erbschaftssteuer[105]) zu sorgen, wenn eine steuerpflichtige Erbschaft oder ein steuerpflichtiges Vermächtniß an den Mündel fällt.**

Bemerk. Nicht steuerpflichtig sind insbesondere Erbschaften und Vermächtnisse, welche von Ascendenten (leiblichen Eltern, Großeltern 2c.) oder von Descendenten (leiblichen Kindern, Enkeln 2c.) oder von einem Ehegatten an den Mündel fallen; ferner Erbschaften und Vermächtnisse, deren Werth (für den einzelnen Bedachten) unter 150 M. beträgt, oder welche von einem Dienstherrn des Mündels, dessen Hausstande Dieser angehörte, herrühren und den Betrag von 900 M. nicht übersteigen. Steuerpflichtig sind dagegen alle Erbschaften und Vermächtnisse, welche von anderen, als den vorstehend angegebenen Personen herkommen, insbesondere auch solche, welche von Geschwistern und von Stiefeltern an den Mündel fallen.

Ist die dem Mündel angefallene Erbschaft (über Vermächtnisse s. weiter unten) steuerpflichtig, so hat der Vormund binnen drei Monaten, nachdem er von dem Eintritt des Anfalls Kenntniß erlangt hat, den Anfall dem zuständigen Erbschaftssteuer-Amte[105a]) schriftlich und frankirt anzumelden, und zwar ohne vorgängige Aufforderung. Der Vormund hat dann binnen ferneren zwei Monaten ein vollständiges und richtiges, zugleich die erforderlichen Werthangaben enthaltendes, Verzeichniß (Inventar) über den Nachlaß[106]), welcher als Erbschaft ganz oder zu einem bestimmten

---

[105]) Erbschaftssteuer-Gesetz vom 30. Mai 1873.

[105a]) deren zwei oder mehrere in jeder Provinz bestehen.

[106]) d. h. über den ganzen Nachlaß, nicht blos über den an den Mündel oder die Mündel gefallenen Theil des Nachlasses.

Antheile an den Mündel gefallen ist, dem Erbschaftssteuer-Amt frankirt einzureichen. Zur Vorlegung eines solchen Verzeichnisses ist der Vormund auch in dem Falle verpflichtet, wenn zwar der an den Mündel gefallene Antheil der Erbschaft nicht steuerpflichtig ist, wenn dagegen ein etwaiger Miterbe des Mündels für seinen Antheil Erbschaftssteuer entrichten muß[107]). In dem Nachlaßverzeichniß ist zugleich darzulegen, ob und wie der erbende Mündel zu dem Erblasser in einem Verwandtschafts- oder Schwägerschaftsverhältniß gestanden hat, und zwar mit deutlichen Bezeichnungen, z. B. Vaters Bruder, Schwester-Tochter ꝛc. (nicht Onkel, Nichte).

Ist ein steuerpflichtiges Vermächtniß an den Mündel gefallen, so ist dasselbe in gleicher Weise dem Erbschaftssteuer-Amte anzumelden und zweckmäßig gleich ein Verzeichniß der dem Mündel vermachten Gegenstände nebst Werthangabe mit einzusenden, auch eine Mittheilung über die in Betracht kommenden Verwandtschafts- ꝛc. Verhältnisse zwischen dem Mündel und dem Erblasser beizufügen.

Wenn der Vormund die vorstehend bezeichneten Verpflichtungen nicht erfüllt, so hat er die durch die etwa vorgenommenen amtlichen Ermittelungen erwachsenden Kosten zu tragen und verfällt außerdem in eine Ordnungsstrafe bis zu 150 M., wenn er nicht wegen böswilliger Absicht, die Erbschaftssteuer zu hinterziehen, höhere Strafe verwirkt.

## V. Von der Sicherheitsleistung des Vormundes[108]).

### § 30.

**1. Vormünder, welche für den Mündel ein erhebliches Vermögen zu verwalten haben, können vom Vormundschaftsgerichte[109]) zur Stellung einer Sicherheit angehalten werden.**

---

[107]) Zu beachten ist auch, daß nach dem Gesetz jeder Erbe für die von den Miterben zu entrichtende Erbschaftssteuer mit seinem eigenen Erbantheile solidarisch haftet, weshalb es Pflicht des Vormundes ist, nach Kräften darauf hinzuwirken, daß alle aus dem Nachlasse, an welchem der Mündel Antheil hat, zu zahlenden Erbschaftssteuern von den dazu Verpflichteten alsbald berichtigt werden.

[108]) §§ 58, 59, 70 d. Vorm.-Ordn.

[109]) Vergl. Anm. 34.

Die Art der Sicherheitsleistung (Hypothek, Bürgschaft, Deponirung von Werthpapieren u. s. w.) sowie die Höhe der Summe, mit welcher Sicherheit zu leisten, werden vom Vormundschaftsgericht nach billigem Ermessen bestimmt. Der sicherzustellende Betrag kann jederzeit erhöhet oder gemindert werden, wenn für das Eine oder Andere Veranlassung vorliegt; die Sicherheitsleistung kann dem Vormunde auch zu jeder Zeit vom Vormundschaftsgericht erlassen werden. Die Kosten, welche aus der Stellung der Sicherheit erwachsen, sind selbstverständlich aus dem Vermögen des Mündels zu bestreiten.

Der Vater und die Mutter des Mündels sind berechtigt, in der gesetzlich vorgeschriebenen Form (s. § 36) den von ihnen benannten Vormund von der Pflicht zur Sicherheitsleistung zu befreien. Diese Befreiung bindet jedoch das Vormundschaftsgericht nicht unbedingt; dasselbe ist vielmehr befugt, eine Sicherheit vom Vormunde dennoch zu verlangen, wenn Umstände eingetreten sind, welche nach dem pflichtmäßigen Ermessen des Gerichts die Stellung einer Sicherheit nothwendig erscheinen lassen.

Der Vater, die Mutter, der Ehemann, die Ehefrau (wenn sie Vormünderin ihres großjährigen Ehemannes ist, s. § 49) und die Großeltern des Mündels sind als Vormünder von der Sicherheitsleistung frei (ebenso der Gegenvormund).

2. Wird Jemand zur Uebernahme einer Vormundschaft berufen und seitens des Vormundschaftsgerichts eine Sicherstellung von ihm verlangt, so kann er die Vormundschaft ablehnen; wird die Sicherheitsleistung von einem bereits im Amte befindlichen Vormunde nachträglich verlangt, so kann er auf Entlassung aus der Vormundschaft antragen (vgl. § 8).

3. Wenn nach Beendigung der Vormundschaft dem Vormunde Quittung und Entlastung ertheilt worden ist (s. § 28, Nr. 2), so ist die vom Vormunde bestellte Sicherheit Diesem zurückzugeben, und, wenn eine Hypothek bestellt war, in deren Löschung vom Mündel bezw. dessen Rechtsnachfolger einzuwilligen. Ist bei der Entlastung oder Quittung ein

Vorbehalt gemacht, so hat das Vormundschaftsgericht zu entscheiden, ob und wie viel von der Sicherheit zurückzubehalten oder von der Hypothek bestehen zu lassen sei.

## VI. Von der Entschädigung des Vormundes[110]).

### § 31.

Das Amt des Vormundes ist ein Ehrenamt und wird in der Regel unentgeltlich geführt. Der Vormund kann daher keinen Ersatz dafür fordern, daß er durch seine vormundschaftliche Thätigkeit seine eigenen Geschäfte verabsäumt hat und ihm dadurch ein Verdienst entgangen oder ein Schaden erwachsen ist. Ebensowenig kann er für Wege, die er in Vormundschaftssachen hat machen müssen, eine Entschädigung verlangen. Dagegen erhält er Auslagen, welche er für den Mündel gemacht hat, aus dessen Vermögen ersetzt, z. B. aufgewandte Reisekosten, Portoauslagen, gezahlte Gebühren für Aufstellung oder Abschrift des Inventars, der Vormundschaftsrechnungen rc. Die Auslagen müssen selbstverständlich nothwendig oder doch für den Mündel nützlich gewesen sein; andernfalls wird das Vormundschaftsgericht sie in der Rechnung nicht passiren lassen. Ferner kann der Vormund eine angemessene Bezahlung für solche, dem Mündel geleistete Dienste oder Arbeiten fordern, welche seinem (des Vormundes) Gewerbe oder Berufe angehören z. B. der Vormund hat als Arzt den Mündel behandelt oder als Handwerker Arbeiten für Denselben geliefert.

Ausnahmsweise nur kann das Vormundschaftsgericht — nach Anhörung des Gegenvormundes — dem Vormunde ein Honorar für seine Dienstführung zubilligen, wenn nämlich der Vormund für den Mündel ein Vermögen zu verwalten hat und diese Verwaltung besonders umfangreich[111]) ist. Die

---

[110]) §§ 33, 34 d. Vorm.-Ordn.

[111]) Dem Vormunde eines Abwesenden oder eines Verschwenders kann jedoch auch bei nicht umfangreicher Vermögensverwaltung ein Honorar zugebilligt werden (vergl. § 49). Dasselbe ist der Fall bei

Höhe des Honorars bestimmt das Gericht nach billigem Ermessen unter Berücksichtigung der Größe des Mündelvermögens und der vom Vormunde aufgewandten besonderen Mühwaltungen.

Auch kann der Vormund dann ein Honorar beanspruchen, wenn der Erblasser des Mündels ihm ein solches ausgesetzt hat.

## VII. Von der Haftbarkeit des Vormundes für seine Amtsführung[112].

### § 32.

1. Der Vormund haftet dem Mündel für allen Schaden, welcher Diesem daraus erwächst, daß er (der Vormund) bei der Verwaltung der Vormundschaft nicht diejenige Sorgfalt aufgewendet hat, welche ein ordentlicher Hausvater auf seine eigenen Angelegenheiten verwendet. Ob im einzelnen Falle diese Sorgfalt aufgewendet worden, hat im Falle des Prozesses das Gericht nach ordnungsmäßiger Erwägung aller Umstände zu entscheiden.

Der Vormund ist verantwortlich von dem Zeitpunkte an, wo er vom Gerichte bestellt ist; der gesetzliche Vormund von dem Zeitpunkte an, wo er wußte oder wissen mußte, daß er zum Vormunde berufen sei.

Obwohl nach dem oben im § 22 Bemerkten der Vormund zu den wichtigeren vormundschaftlichen Geschäften die Genehmigung des Gegenvormundes resp. des Vormundschaftsgerichts einholen soll, so wird doch der Vormund durch die Ertheilung dieser Genehmigung von seiner Haftpflicht dem Mündel gegenüber keineswegs befreit. **Es haftet vielmehr der Vormund trotz dieser Genehmigung für den Schaden, den er durch den Abschluß des Geschäfts schuldvoller Weise dem Mündel zugefügt hat.** Die Ge-

---

dem Nachlaßpfleger (§ 55. Nr. 3), während für den Pfleger sonst das über den Vormund Gesagte gilt.

[112]) § 32 d. Vorm.-Ord.

nehmigung hat nur den Zweck doppelter Sicherheit für den Mündel, dem zunächst der Vormund, in zweiter Linie aber das Vormundschaftsgericht (bezw. der Gegenvormund) haftet.

Verwalten mehrere Vormünder gemeinschaftlich, so sind alle solidarisch wegen des dem Mündel zugefügten Schadens für ein etwaiges Versehen verantwortlich, da in solchem Falle jeder Vormund für die ganze Verwaltung haftbar ist. Ist die Verwaltung unter die mehreren Vormünder getheilt, so trägt Jeder die Verantwortung nur für seinen Verwaltungstheil, vorausgesetzt, daß er nicht etwa zum Gegenvormunde des anderen bestellt (§ 37) und daher zu dessen Beaufsichtigung verpflichtet ist.

2. Die Klage des Mündels gegen den Vormund kann nach beendigter Vormundschaft so lange geltend gemacht werden, bis sie verjährt ist (die Dauer der Verjährungsfristen richtet sich nach dem in den verschiedenen Landestheilen geltenden besonderen Rechte). Ist dem Vormunde bei Beendigung der Vormundschaft ordnungsmäßig Quittung und Entlastung ertheilt, so ist eine spätere Klage des Mündels dadurch bedingt, daß bei jener Entlastung ein bezüglicher specieller Vorbehalt gemacht war (vergl. § 28). Doch schließt die Anerkennug der Rechnung seitens des Mündels die Geltendmachung eines etwa später entdeckten Irrthums oder Betruges in der Rechnung nicht aus.

3. Strafrechtlich ist der Mündel durch nachfolgende Gesetzesparagraphen gegen Pflichtwidrigkeiten des Vormundes geschützt:

§ 174 des Reichsstrafgesetzbuchs: Mit Zuchthaus bis zu fünf Jahren werden bestraft:

1. Vormünder, welche mit ihren Pflegebefohlenen .... unzüchtige Handlungen vornehmen.

§§ 180 und 181 daselbst: Wer gewohnheitsmäßig oder aus Eigennutz durch seine Vermittelung oder durch Gewährung oder Verschaffung von Gelegenheit der Unzucht Vorschub leistet, wird wegen Kuppelei mit Gefängniß bestraft; auch kann auf Verlust der bürgerlichen Ehrenrechte, sowie auf Zulässigkeit von Polizeiaufsicht erkannt werden.

Die Kuppelei ist, selbst wenn sie weder gewohnheitsmäßig noch aus Eigennutz betrieben wird, mit Zuchthaus bis zu fünf Jahren zu bestrafen, wenn ....

2. der Schuldige zu den Personen, mit welchen die Unzucht betrieben worden ist, in dem Verhältniß von Vormündern zu Pflegebefohlenen steht.

§ 266 daselbst: Wegen Untreue werden mit Gefängniß, neben welchem auf Verlust der bürgerlichen Ehrenrechte erkannt werden kann, bestraft:

1. Vormünder, Kuratoren, Güterpfleger, Sequester, Masseverwalter ..., wenn sie absichtlich zum Nachtheile der ihrer Aufsicht anvertrauten Personen oder Sachen handeln.

Wird die Untreue begangen, um sich oder einem Anderen einen Vermögensvortheil zu verschaffen, so kann neben der Gefängnißstrafe auf Geldstrafe bis zu 3000 M. erkannt werden.

## VIII. Von der gutachtlichen Anhörung des Mündels, der Verwandten u. s. w. bei der vormundschaftlichen Verwaltung[113]).

### § 33.

1. Will der Vormund eine unbewegliche Sache des Mündels veräußern, oder ein Demselben gehöriges Erwerbsgeschäft auflösen, so hat das Vormundschaftsgericht, ehe es seine hierzu erforderliche Genehmigung ertheilt (§ 22), den Mündel darüber zu hören, falls Derselbe das 18. Lebensjahr zurückgelegt hat.

2. Der Mündel und die Verwandten und Verschwägerten Desselben sind (Letztere unter den nachstehend unter 3 bezeichneten Voraussetzungen) zu hören, wenn der Mündel für großjährig erklärt werden soll (s. § 52).

3. Das Vormundschaftsgericht hat überhaupt vor einer von ihm zu treffenden Anordnung auf Antrag des Vormundes oder des Gegenvormundes oder eines Verwandten oder Verschwägerten des Mündels drei von den näheren Verwandten

---

[113]) §§ 55, 61, 64, 71 d. Vorm.-Ordn.

oder Verschwägerten Desselben, sofern sie ohne Verzug erreichbar sind, gutachtlich zu hören. Es steht dem Gerichte frei, auch ohne Antrag Verwandte oder Verschwägerte des Mündels gutachtlich zu hören.

4. Verheirathet sich eine zur Vormünderin bestellte Frau, so hat das Vormundschaftsgericht, ehe es über die Entlassung Derselben Entscheidung trifft (s. § 4 a. E.), Verwandte oder Verschwägerte des Mündels unter den vorstehend unter 3 angegebenen Voraussetzungen zu hören.

5. Wenn drei Personen, welche mit dem Mündel bis zum dritten Grade verwandt oder verschwägert sind, die Bildung eines Familienraths beim Vormundschaftsgerichte beantragen, so hat das Gericht diesem Antrage Folge zu geben, falls nicht etwa die Bildung eines Familienraths vom Vater oder von der Mutter des Mündels untersagt ist (§ 36). Auch haben die Verwandten und Verschwägerten des Mündels eintretenden Falls bei der Bildung des Familienraths mitzuwirken (s. § 46).

## IX. Von der besonderen Stellung einiger Personen als Vormünder[114])

### § 34.

1. Der Vater des Mündels als (gesetzlicher) Vormund (§ 7) ist nicht verpflichtet:

a. ein Güterverzeichniß aufzunehmen (§ 16)[115]),

b. während der vormundschaftlichen Verwaltung Rechnung abzulegen (§ 27),

c. Vermögens-Uebersichten einzureichen (§ 27),

d. eine Sicherheit zu bestellen (§ 30),

e. Werthpapiere und Kostbarkeiten zu hinterlegen (deponiren), oder erstere außer Cours setzen zu lassen (§ 17).

---

114) §§ 35, 57, 59, 60 d. Vorm.-Ordn.

115) Für das Gebiet des Rheinischen Rechts kommt jedoch in Betracht, was in § 7 unter 5 gesagt ist. Außerdem bleibt die Bestimmung im code civil art. 600 in Kraft, wonach der Vater als Nießbraucher zur Errichtung eines Inventars verpflichtet ist.

2. Die Mutter als Vormünderin ist von der Rechnungsablage während der Verwaltung (nicht aber von der Einreichung von Vermögensübersichten, s. § 27), sowie von der Verpflichtung zur Sicherheitsbestellung frei; ebenso

3. der Ehemann und die Großeltern des Mündels, sowie

4. die Ehefrau, welche Vormünderin für ihren großjährigen Ehemann ist (§ 49).

## X. Die Stellung des Ehemannes einer Vormünderin[116]).

### § 35.

Der **Ehemann** einer zur Vormünderin bestellten Frau **haftet**, wenn er nicht der Vater des Mündels ist, **für die vormundschaftliche Verwaltung als Bürge** und kann nöthigenfalls statt der Vormünderin selbst in Anspruch genommen werden. Der Ehemann ist daher — zu seiner eigenen Sicherheit — genöthigt, die Vormundschaftsführung seiner Frau auf das Genaueste zu überwachen.

Diese Verantwortlichkeit des Ehemannes ist aber eine freiwillig übernommene, da die Ehefrau ohne die Einwilligung des Ehemannes nicht zur Vormünderin bestellt werden darf (s. § 4, Nr. 8), und, falls sie bei der Verheirathung bereits Vormünderin war, nur mit Einwilligung ihres Ehemannes Vormünderin bleiben kann (§ 4 a. E.).

## XI. Vom Einflusse des Vaters, der Mutter und des Erblassers des Mündels auf die vormundschaftliche Verwaltung[117]).

### § 36.

Wir haben wiederholt gesehen, daß dem Willen des Vaters, oder der Mutter, oder des Erblassers des Mündels ein ge-

---

[116]) §§ 21, 32, 64 d. Vorm.-Ordn.

[117]) §§ 17, 21, 26, 35, 36, 47, 57, 59, 60, 71 d. Vorm.-Ordn.

wisser Einfluß auf die Art der vormundschaftlichen Verwaltung eingeräumt ist. Wir fassen diese Fälle und deren Voraussetzungen nunmehr übersichtlich zusammen:

1. Der **Vater** des Mündels ist befugt, die folgenden Anordnungen wegen der vormundschaftlichen Verwaltung zu treffen, denen das Vormundschaftsgericht, sowie die sonst bei der Vormundschaft thätigen Personen nachzukommen verpflichtet sind:

a. Er kann in einem Testament, oder in einer gerichtlich oder notariell beglaubigten Urkunde, oder in einer eigenhändig geschriebenen **und** unterschriebenen Urkunde dem Mündel **einen Vormund ernennen.** Diese Befugniß setzt jedoch voraus, daß der Vater zur Zeit seines Todes entweder die väterliche Gewalt über den Mündel gehabt hat oder sie doch, falls der Mündel schon geboren gewesen wäre, gehabt haben würde, oder daß er bis zum Tode die Vormundschaft über den Mündel geführt hat.

Der also Benannte wird jedoch nicht von selbst Vormund, sondern muß vom Vormundschaftsgerichte bestellt werden. Auch ist das Gericht, wie wir gesehen haben, nicht unbedingt an diese Benennung gebunden (vergl. §§ 3 und 6).

b. Es darf nicht zum Vormunde bestellt werden, wer unter der unter a erwähnten Form und Voraussetzung vom Vater des Mündels von der Vormundschaft ausgeschlossen ist (vergl. § 4 [7]).

c. Der Vater des Mündels kann in derselben Weise die Bestellung eines Gegenvormundes untersagen (§ 37).

d. Er kann als Erblasser des Mündels in der unter a bezeichneten Form die Offenlegung des Verzeichnisses seines Nachlasses (des Inventars) verbieten[118]); die Aufnahme des Verzeichnisses kann er nicht hindern (vergl. § 16).

e. Wenn der Vater und Erblasser des Mündels über die Verwaltung oder die Veräußerung der zu seinem Nach-

---

[118]) womit denn zugleich auch die Rechnungsablage und Einreichung der Vermögensübersicht verboten ist (§ 27 [5]).

laß gehörigen Gegenstände Bestimmungen [119]) für den Vormund getroffen hat (z. B. daß bestimmte Sachen verkauft werden sollen, oder daß sie nicht verkauft werden sollen, daß gewisse Capitalien gekündigt werden sollen, daß ein Neubau vorgenommen werden soll u. dergl. mehr), so sind diese, soweit nicht besondere Umstände ein Anderes erheischen, zu befolgen (s. darüber § 25).

f. Der Vater kann in der mehrerwähnten Form bestimmen, daß der von ihm benannte Vormund von der Nothwendigkeit der Genehmigung des Gegenvormundes oder des Vormundschaftsgerichts zu den in den §§ 22 und 24 bezeichneten Handlungen befreit sein solle, sowie

g. daß Derselbe von der Rechnungsablage während der Dauer der Vormundschaft [120]) und

h. von der Verpflichtung zur Sicherheitsleistung (§ 30) frei sein solle.

i. Der Vater kann in der gedachten Form bezüglich des von ihm benannten Vormundes anordnen, daß Werthpapiere und Kostbarkeiten nicht deponirt oder erstere nicht außer Cours gesetzt werden sollen (§ 17).

k. Der Vater kann nach den für die Benennung eines Vormundes gegebenen Vorschriften (vorstehend a) bestimmen, daß ein Familienrath gebildet werden und wer in denselben als Mitglied eintreten soll [121]), oder daß ein Familienrath nicht gebildet werden soll (§ 46).

l. Der Vater des Mündels kann endlich, wenn er Erblasser Desselben ist, bestimmen, daß und welches Honorar dem Vormunde für seine Amtsführung gewährt werden soll (§ 31).

---

[119]) Die Vormundschafts-Ordnung schreibt nicht ausdrücklich eine Form für solche Bestimmungen vor. Zur Sicherheit wird es sich jedoch empfehlen, derartige Bestimmungen schriftlich in der unter 1ᵃ gedachten Form zu treffen.

[120]) Von der Rechnungsablage nach beendeter Vormundschaft kann der Vater des Mündels den Vormund nicht befreien (§ 28 ¹).

[121]) Es kann übrigens Niemand zum Eintritt gezwungen werden (§ 46).

2. Die **Mutter** des Mündels ist unter Beobachtung der unter 1, a bezeichneten Form und unter der Voraussetzung, daß sie bis zum Tode die Vormundschaft über den Mündel geführt hat, zu den vorstehend unter 1, a—c und k bezeichneten Anordnungen befugt; auch kann sie in der gedachten Form die unter 1, g und h erwähnten, und, wenn sie Erblasserin des Mündels ist, auch die unter 1, d, e und l bezeichneten Anordnungen treffen.

3. Jede andere Person, welche als **Erblasser** dem Mündel etwas hinterlassen hat, hat das Recht, die unter 1, d, e und l bezeichneten Bestimmungen hinsichtlich des von ihr herrührenden Vermögens zu treffen.

(Ueber den Einfluß Desjenigen, welcher eine Zuwendung gemacht hat, auf die Verwaltung seitens des Pflegers vergl. § 55[1].)

---

# Vierter Abschnitt.

## Von dem Gegenvormunde.

### § 37. I. Wann wird ein Gegenvormund bestellt[122]?

Dem Vormunde kann vom Vormundschaftsgericht ein Gegenvormund zur Seite gestellt werden. Die Bestellung des Gegenvormundes muß geschehen, wenn mit der Vormundschaft eine Vermögensverwaltung verbunden ist und nicht etwa mehrere Vormünder zu ungetrennter Verwaltung bestellt sind (§ 11). Führen mehrere Vormünder die Verwaltung nach Geschäftszweigen getrennt, so müssen zwar Gegenvormünder ernannt werden; es kann jedoch in solchem Falle jeder der Vormünder zum Gegenvormunde des Anderen bestellt werden. Bei der Pflegschaft (§ 54) ist die Bestellung eines Gegenvormundes nicht erforderlich.

---

[122]) § 26 d. Vorm.-Ordn.

Neben dem gesetzlichen Vormunde (§ 7) wird im Allgemeinen ein Gegenvormund nicht bestellt. Will jedoch der gesetzliche Vormund eine Handlung vornehmen, zu welcher er der Genehmigung des Vormundschaftsgerichts bedarf (§ 22B), so muß vorher ein Gegenvormund bestellt werden, damit Dieser die Zweckmäßigkeit der vom Vormunde beabsichtigten Handlung prüfe und begutachte; denn das Vormundschaftsgericht ist, wie wir bereits oben sahen (§ 22), verpflichtet, ehe es eine Entscheidung über Ertheilung oder Versagung seiner Genehmigung trifft, die Ansicht des Gegenvormundes darüber zu hören. Mit Abgabe der Erklärung ist in solchem Falle das Amt des Gegenvormundes beendet.

Ausnahmsweise wird, auch wenn der Vormund Vermögen zu verwalten hat, ein Gegenvormund nicht bestellt: es können nämlich der Vater und die Mutter des Mündels in derselben Form und unter denselben Voraussetzungen, wie sie einen Vormund für ihre Kinder ernennen können (§ 36), bestimmen, daß dem Vormunde ein Gegenvormund nicht beigegeben werden soll.

Ueber die Berufung und Bestellung des Gegenvormundes gelten ganz dieselben Grundsätze, wie über die Berufung und Bestellung des Vormundes; vergleiche darüber oben das in den §§ 3 bis 6 Gesagte.

## II. Von den Rechten und Pflichten des Gegenvormundes.

### § 38. 1. Im Allgemeinen[123]).

Der Gegenvormund hat darauf zu achten, daß die **Vermögensverwaltung** des Vormundes (oder des Pflegers, s. § 54) **ordnungsmäßig geführt wird.** Er hat auf das Eingehendste von allen darauf bezüglichen Vorkommnissen und Verhandlungen Kenntniß zu nehmen, bezw. sich vom Vormunde Aufklärung geben zu lassen, damit er bei Beendigung

[123]) §§ 31, 32 d. Vorm.-Ordn.

der Vormundschaft in der Lage ist, dem Mündel über das vom Vormunde verwaltete Vermögen jede etwa erforderte Auskunft zu ertheilen. Der Gegenvormund hat von etwaigen Pflichtwidrigkeiten oder der eintretenden Unfähigkeit (§ 4) des Vormundes (Pflegers) dem Vormundschaftsgerichte unverzüglich Anzeige zu machen.

Bemerk. Die Beaufsichtigung der persönlichen Verhältnisse des Mündels ist vor Allem Sache des Waisenrathes; doch wird auch der Gegenvormund berechtigt sein, etwaige Mißstände in dieser Beziehung zur Sprache zu bringen.

Der Gegenvormund hat in seiner Amtsführung (ebenso wie der Vormund) diejenige Sorgfalt anzuwenden, welche ein ordentlicher Hausvater auf seine eigenen Angelegenheiten verwendet (vgl. § 9). Das im § 32 über die Haftbarkeit des Vormundes Gesagte gilt in gleicher Weise vom Gegenvormunde; wie denn überhaupt die Stellung des Gegenvormundes im Allgemeinen (d. h. abgesehen von dem beschränkteren Kreise seiner Obliegenheiten) der des Vormundes gleich ist.

## § 39. 2. Im Besonderen[124]).

Die besonderen Rechte bezw. Pflichten, welche dem Gegenvormunde die Vormundschaftsordnung auferlegt, sind folgende:

1. Er hat bei der Aufnahme des Güterverzeichnisses mitzuwirken (§ 16). Die Aufnahme selbst liegt dem Vormunde ob, welcher dabei Hülfe zuziehen kann. Sache des Gegenvormundes ist es, sich davon zu überzeugen, daß das Verzeichniß Alles enthält, was zum Vermögen des Mündels (der Mündel) gehört. Für etwaiges Verschulden ist er dem Mündel verhaftet. Der Gegenvormund hat, gleichwie der Vormund, dem Vormundschaftsgerichte die Erklärung abzugeben, daß das Verzeichniß richtig und vollständig sei.

2. Der Gegenvormund hat seine Zustimmung dazu zu er-

[124]) §§ 35, 39, 41, 55, 56, 57, 65, 67, 71 d. Vorm.-Ordn.

theilen, in welcher Weise die verfügbaren Mündelgelder vom Vormunde zinsbar belegt werden sollen. Das Nähere hierüber, insbesondere über die Auswahl der Werthpapiere ꝛc. s. in § 17; vergl. auch § 15.

3. Der Gegenvormund ha vorkommenden Falls zu den im folgenden Paragraphen bezeichneten Handlungen des Vormundes seine Genehmigung zu ertheilen.

4. Wenn der Vormund eine Handlung vornehmen will, zu welcher er der Genehmigung des Vormundschaftsgerichts bedarf (§ 22), so hat das Gericht vor der Ertheilung der Genehmigung den Gegenvormund über die Sache zu hören.

Bemerk. Dies ist der Fall, wo auch bei einem gesetzlichen Vormunde die Bestellung eines Gegenvormundes erforderlich wird (§ 37).

Auch hat das Gericht den Gegenvormund zu hören, ehe es dem Vormunde ein Honorar zubilligt.

5. Der Gegenvormund ist, ebenso wie der Vormund, berechtigt, ehe das Vormundschaftsgericht eine Anordnung in einer Vormundschaftsangelegenheit trifft, zu beantragen, daß drei von den näheren Verwandten oder Verschwägerten des Mündels, wenn sie ohne Verzug erreicht werden können, vom Gerichte gutachtlich über die Angelegenheit gehört werden.

6. Der Gegenvormund hat — und das ist eine seiner wichtigsten und verantwortlichsten Obliegenheiten — die von dem Vormunde abzulegenden Vormundschaftsrechnungen einer genauen Prüfung zu unterziehen, Alles, was ihm etwa unklar ist, sich vom Vormunde erläutern zu lassen, und, wenn die Zweifel hierdurch nicht gehoben werden, oder wenn er sonst Bedenken bei der Sache hat, seine Bemerkungen darüber auf der Rechnung selbst oder auf einer derselben beizufügenden Anlage ausführlich niederzuschreiben. Hat er bei der Rechnung Nichts zu erinnern gefunden, so hat er eine entsprechende Bemerkung auf die Rechnung zu setzen (s. Beilage B.; vergl. über die Rechnungsablage § 27).

Den aus der Rechnung und deren Vorbericht sich ergebenden

Vermögensbestand muß der Gegenvormund sich vom Vormunde genau nachweisen und vorlegen lassen. Er hat auch darüber, daß Solches geschehen, eine Bemerkung zu machen und, wenn die Nachweisung nicht ihre Richtigkeit hatte, dem Vormundschaftsgericht Mittheilung darüber zu machen (§ 27).

Der Gegenvormund ist für die gewissenhafte Erfüllung dieser Pflicht dem Mündel verantwortlich.

**7.** Wenn in Fällen, wo keine Vormundschaftsrechnung abgelegt wird, der Vormund auf Erfordern des Vormundschaftsgerichts Diesem eine Uebersicht des Vermögensbestandes einzureichen hat (§ 27), so ist der Gegenvormund in gleicher Weise, wie vorstehend unter Nr. 6 bemerkt, verpflichtet, diese Uebersicht zu prüfen und den Vermögensbestand sich nachweisen zu lassen.

**8.** Bei Beendigung der Vormundschaft hat der Gegenvormund die vom Vormunde gelegte Schlußrechnung zu prüfen und mit seinen Bemerkungen zu versehen, auch dem Mündel und dessen Rechtsnachfolger über die von ihm geführte Gegenvormundschaft bezw. über das vom Vormunde verwaltete Vermögen jede erforderte Auskunft zu geben (§ 28).

**9.** Der Gegenvormund hat das Recht, zu beantragen, daß ein Familienrath gebildet wird (§ 46), sowie, wenn ein Solcher besteht, daß Derselbe zusammenberufen wird (§ 47). Er kann selbst Mitglied des Familienraths werden.

**10.** Der Gegenvormund ist verpflichtet, wenn der Vormund stirbt, dem Vormundschaftsgerichte hiervon Anzeige zu machen.

## § 40. III. Von den Handlungen des Vormundes, zu welchen der Gegenvormund seine Genehmigung zu ertheilen hat[125]).

Der Vormund bedarf zu gewissen vormundschaftlichen Geschäften der Genehmigung des Gegenvormundes; diese

---

125) § 41 d. Vorm.-Ordn.

Geschäfte sind im § 22 unter A Nr. 1 bis 3 aufgeführt. In dem gedachten § ist auch das Erforderliche wegen der Folgen der mangelnden Genehmigung angegeben. Die Genehmigung des Gegenvormundes kann ersetzt werden durch die vom Vormunde eingeholte Genehmigung des Vormundschafsgerichts. Das Letztere hat jedoch unter allen Umständen vor seiner Entscheidung den Gegenvormund über die Sache zu hören, sodaß eine Umgehung desselben ausgeschlossen ist.

Der Vater des Mündels kann den Vormund von der Nothwendigkeit der Genehmigung des Gegenvormundes zu den gedachten Geschäften unter gewissen Voraussetzungen befreien; siehe darüber das Nähere im § 22 am Ende und § 36.

Der Gegenvormund ist dem Mündel dafür verhaftet, wenn die von ihm pflichtwidriger Weise genehmigten Geschäfte dem Mündel Nachtheil bringen. Von dieser Haftpflicht befreiet ihn selbst die etwaige Genehmigung des Vormundschaftsgerichts nicht.

## § 41. IV. Sonstiges[126]).

Die Amtsführung des Gegenvormundes unterliegt der Aufsicht des Vormundschaftsgerichts[127]). Dasselbe kann Ordnungsstrafen über ihn verhängen (vergl. § 10).

Zur Stellung einer Sicherheit kann der Gegenvormund nicht angehalten werden. Das Amt des Gegenvormundes wird unentgeltlich geführt. Ein Honorar darf ihm vom Vormundschaftsgerichte nicht zugebilligt werden; nur dann kann er ein solches beanspruchen, wenn der Erblasser des Mündels ein Honorar für ihn ausgesetzt hat. Auslagen werden ihm aus dem Mündelvermögen ersetzt. Ueber diese und über dem Mündel geleistete gewerbliche Dienste vergleiche das im § 31 vom Vormund Gesagte, welches auch für den Gegenvormund gilt.

---

[126]) §§ 33, 34, 51, 59 d. Vorm.-Ordn.

[127]) an dessen Stelle, wenn ein Familienrath vorhanden, Dieser tritt.

## § 42. V. Vom Aufhören des Amtes des Gegenvormundes[128]).

Ueber das Aufhören des Amtes des Gegenvormundes (abgesehen von dem Falle der Beendigung der Vormundschaft überhaupt, s. §§ 51 — 53) gilt dasselbe, was oben im § 8 vom Aufhören des Vormundsamtes gesagt ist.

Ist der Gegenvormund verstorben, so haben die Erben desselben für die Sicherstellung der etwa in seinem Nachlasse befindlichen Vermögensstücke des Mündels zu sorgen. Die Erben sowohl wie der Vormund haben dem Vormundschaftsgerichte vom Tode des Gegenvormundes Anzeige zu machen.

---

# Fünfter Abschnitt.

# Vom Waisenrath.

## § 43. Von der Bestellung des Waisenraths[129])[130]).

**Waisenräthe** sind Personen, welche dem Vormundschaftsgerichte zur **Unterstützung** bei der **Auswahl der Vormünder** und bei der **Beaufsichtigung derselben**[131]) bezüglich ihrer Fürsorge für die **Person** des Mündels zur Seite gesetzt werden.

---

128) § 65 d. Vorm.-Ordn.

129) § 52 d. Vorm.-Ordn.

130) Die Waisengerichte in Vormundschaftssachen in den Hohenzollernschen Landen sind durch die Vorm.-Ordn. aufgehoben; desgleichen hört die vormundschaftliche Thätigkeit der Familienräthe im Bezirke des Appellationsgerichtshofes zu Cöln, der Voluntärgerichte im Bezirke des Justizsenats zu Ehrenbreitstein und der Kirchspielsgerichte des Landes Hadeln auf. Vorm.-Ordn. § 92.

131) bezw. der Mutter des Mündels, wenn Diese die Erziehung leitet (s. § 12).

Diese Unterstützung des Vormundschaftsgerichts ist den Gemeinden übertragen, da diese ein ganz besonderes Interesse daran haben, daß die Mündel, welche ihnen angehören, zu tüchtigen Mitgliedern der menschlichen Gesellschaft erzogen werden.

Die Waisenräthe werden von der Gemeinde bestellt; die Art der Bestellung richtet sich nach der der Gemeindebeamten überhaupt. Für jede Gemeinde werden ein oder mehrere Gemeindeglieder zu Waisenräthen ernannt; bei größeren Gemeinden können für einzelne Theile der Gemeinde ein oder mehrere Waisenräthe bestellt werden. Andererseits kann Jemand auch für mehrere benachbarte Gemeindebezirke zum Waisenrath ernannt werden.

Durch Beschluß der Gemeindebehörde kann das Amt des Waisenraths besonderen Abtheilungen der Gemeindeverwaltung übertragen und mit schon bestehenden Organen der Gemeindeverwaltung (z. B. Armen-Commissionen u. dergl.) verbunden werden.

Bei selbständigen Gutsbezirken wird der Waisenrath vom Gutsvorsteher ernannt.

Von der Ernennung des oder der Waisenräthe, sowie von später eintretenden Anordnungen in der Person der Waisenräthe oder in der Organisation der das Amt des Waisenraths versehenden Gemeindebehörde werden die Gemeinden dem zuständigen Vormundschaftsgerichte Kenntniß geben.

Das Amt des Waisenraths ist ein unentgeltliches Ehrenamt.

## § 44. Von den Obliegenheiten des Waisenraths[132]).

Der Waisenrath hat, wie bemerkt, bei der Auswahl der Vormünder und bei der Ueberwachung derselben mitzuwirken. Des Näheren gilt darüber Folgendes:

---

[132]) § 53, 54 d. Vorm.-Ordn.

I. Es liegt dem Waisenrathe ob, dem Vormundschaftsgerichte diejenigen Personen **vorzuschlagen**, welche im einzelnen Falle zur Bestellung als Vormund (§§ 3—6) oder als Gegenvormund (§§ 37, 38) geeignet erscheinen. Das Vormundschaftsgericht hat nicht immer bei der Auswahl des Vormundes und des Gegenvormundes freie Hand. Es sind oben im § 6 die Personen namhaft gemacht, welche, wenn nicht besondere Umstände entgegenstehen, ein Recht darauf haben, zum Vormunde (Gegenvormunde) bestellt zu werden. Erst wenn solche Personen nicht vorhanden sind oder die Vorhandenen aus besonderen Gründen nicht zu Vormündern bestellt werden, hat das Gericht mit Hülfe des Waisenraths anderweit einen Vormund (Gegenvormund) auszuwählen.

Zur Vereinfachung des geschäftlichen Verkehrs zwischen dem Waisenrath und dem Vormundschaftsgericht und zur Vermeidung unnützen Hin- und Herschreibens wird es daher zweckmäßig sein, wenn der Waisenrath, sobald ihm ein Bevormundungsfall in seinem Bezirke bekannt wird, dem Gerichte unaufgefordert eine Mittheilung darüber macht, ob die Mutter, eventuell ob die Großväter (väterlicher und mütterlicher Seite) der zu bevormundenden Kinder noch am Leben sind, wo Dieselben wohnen, und ob der Uebernahme der Vormundschaft durch sie besondere Bedenken entgegenstehen; geeignetenfalls wäre dann gleich ein passender Vormund (und, wenn eine Vermögensverwaltung erforderlich werden wird, auch ein Gegenvormund) in Vorschlag zu bringen. Sollte dem Waisenrathe bekannt sein oder ihm auf Anfrage bei der Familie zur Kenntniß kommen, daß der Vater (oder die Mutter) der Mündel im Testament oder sonst (s. § 36) einen Vormund ernannt hat, so wird dem Vormundschaftsgerichte auch hierüber eine Mittheilung willkommen sein.

Sei es nun aber, daß der Waisenrath selbst die ersten Schritte thut oder daß er erst eine Aufforderung seitens des Vormundschaftsgerichts abwartet, so hat er bei der Namhaftmachung der zum Vormunde (Gegenvormunde) geeigneten Personen das Folgende zu berücksichtigen:

1. Es dürfen nicht solche Personen vorgeschlagen werden, welche gesetzlich zur Uebernahme einer Vormundschaft unfähig sind (vergl. darüber § 4).

2. Es sollen zunächst Verwandte und Verschwägerte des Mündels, wenn solche dazu tauglich sind, zu Vormündern (Gegenvormündern) bestellt werden; auch soll thunlichst darauf gesehen werden, daß Vormund und Mündel demselben religiösen Bekenntniß angehören.

3. Daß die vorzuschlagende Person im Bezirke des Vormundschaftsgerichts wohne, ist nicht durchaus nothwendig; doch haben auswärts Wohnende das Recht, die Vormundschaft abzulehnen (§ 5[5]). Es sind deshalb Auswärtige nur dann vorzuschlagen (z. B. Verwandte des Mündels), wenn sie nicht zu entfernt wohnen oder sonst anzunehmen ist, daß sie das Vormundsamt freiwillig übernehmen werden.

4. Personen, welche aus sonstigen Gründen ein Ablehnungsrecht haben (s. § 5), können zwar nichtsdestoweniger als Vormünder (Gegenvormünder) in Vorschlag gebracht werden, da es in ihrem freien Willen beruht, ob sie von dem Ablehnungsrecht Gebrauch machen wollen; doch wird, um unnütze Weiterungen zu vermeiden, es sich empfehlen, solche Personen nicht vorzuschlagen, wenn vorauszusehen ist, daß sie die Uebernahme der Vormundschaft weigern werden.

Auch wird es in einzelnen Fällen nicht unzweckmäßig sein, für den Fall, daß der zuerst Vorgeschlagene ablehnen sollte, gleich eine andere geeignete Persönlichkeit zu bezeichnen.

5. Der Waisenrath hat sorgfältig zu prüfen, ob die von ihm zu bezeichnende Person in moralischer Hinsicht befähigt ist, das verantwortliche Amt eines Vormundes und Erziehers (§ 12) unmündiger Personen zu übernehmen; er hat ferner, wenn es sich um eine irgend erhebliche Vermögensverwaltung handeln wird, auch zu berücksichtigen, daß der Vorge-

schlagene nach seinen geistigen Anlagen und seinem Bildungsstande fähig sein muß, derartige Vermögensangelegenheiten wahrzunehmen.

Die Verantwortlichkeit für die Wahl des Vormundes (Gegenvormundes) liegt zunächst dem Waisenrathe ob, da Dieser auf Grund seiner genauen Kenntniß der Personen, der Oertlichkeit und aller sonstigen Verhältnisse am Besten in der Lage ist, die geeignete Persönlichkeit ausfindig zu machen, und das Vormundschaftsgericht in den vorgedachten Beziehungen sich auf das Urtheil des Waisenraths verlassen muß.

6. Der Waisenrath hat schließlich zu beachten, daß dem zu bestellenden Vormunde die ganze vormundschaftliche Verwaltung obliegt, während der Gegenvormund lediglich zur Controle des Vormundes und Mitwirkung bei einzelnen Rechtsgeschäften berufen ist (vergl. §§ 38—40).

Auch wenn die Anordnung einer Pflegschaft nöthig wird (§§ 54, 55), hat der Waisenrath auf Ersuchen des Vormundschaftsgerichts Demselben eine zur Uebernahme der Pflegschaft geeignete Persönlichkeit zu bezeichnen.

II. Der Waisenrath hat die **Aufsicht über das persönliche Wohl aller in seinem Bezirke wohnenden Mündel**[132a]**) und über deren Erziehung zu führen**, insbesondere Mängel und Pflichtwidrigkeiten, welche er bei der körperlichen oder sittlichen Erziehung Derselben wahrnimmt, dem Vormundschaftsgerichte anzuzeigen, sowie demselben auf Erfordern über die Person der Mündel jede Auskunft zu ertheilen. Es ist deshalb die Pflicht des Waisenraths, sich über die persönlichen Verhältnisse der gedachten Mündel in genauer Kenntniß zu erhalten, in geeigneten Fällen sich von deren körperlicher Wohl-

---

132a) Nicht nur der minderjährigen Mündel. Der Waisenrath hat auch das persönliche Wohl der in seinem Bezirke wohnenden großjährigen (geisteskranken, tauben, stummen 2c.) Mündel zu beaufsichtigen.

fahrt durch persönlichen Augenschein zu überzeugen, über den Schul- und Kirchenbesuch der Mündel gehörigen Orts Erkundigung einzuziehen u. s. w. Er hat das Recht, zu diesem Behufe von den Vormündern und Müttern jede erforderliche Auskunft zu verlangen, welches Recht jedoch, wie sich von selbst versteht, in schonender Weise auszuüben ist. Der Waisenrath ist auch vom Vormundschaftsgerichte gutachtlich zu hören, wenn es sich darum handelt, ob der Mutter des Mündels die Erziehung Desselben abgenommen werden müsse (vergl. § 12).

Das Vormundschaftsgericht theilt, damit der Waisenrath das Aufsichtsrecht ausüben könne, Diesem die Namen der bestellten Vormünder und der Mündel mit[132b]). Wenn für ein uneheliches Kind der Großvater desselben (der Vater der unehelichen Mutter), oder wenn für einen Mündel, welcher in eine Verpflegungsanstalt aufgenommen ist, der Vorstand dieser Anstalt die Rechte und Pflichten des gesetzlichen Vormundes (s. § 7) wahrnimmt, so macht das Vormundschaftsgericht dem zuständigen Waisenrathe gleichfalls Anzeige hiervon, damit Dieser auch hier sein Aufsichtsrecht ausüben kann. (Ueber die Erziehung eines Kindes seitens des Vaters, auch wenn Dieser gesetzlicher Vormund ist (§ 7 [1]), hat der Waisenrath keine Aufsicht zu führen. Sollte jedoch ein Vater die Erziehung seines Kindes gänzlich vernachlässigen, so wird es nicht unangemessen sein, wenn der Waisenrath dem Gerichte Anzeige davon macht, welches sich dann vielleicht veranlaßt finden wird, den Vater seiner Erziehungsrechte für verlustig zu erklären und eine Vormundschaft anzuordnen.)

Der Waisenrath hat vor Allem sein Augenmerk auf die

---

[132b]) Das Vormundschaftsgericht wird dafür Sorge tragen, daß dem Waisenrathe die Benachrichtigung über jede einzelne Vormundschaft auf einem besonderen Bogen zugefertigt wird, welcher dann den nöthigen Raum gewähren wird, um die vom Waisenrath im Laufe seiner Amtsthätigkeit über die persönlichen Verhältnisse der Mündel zu machenden Notizen aufzunehmen.

Erziehung und Verpflegung der unehelichen, rechtlich vaterlosen, Kinder zu richten und wird insbesondere dann, wenn der Großvater des Kindes (der Vater der unehelichen Mutter), welcher bis dahin, daß etwa das Vormundschaftsgericht einen anderen Vormund bestellt, gesetzlicher Vormund des Kindes ist, sich zur Weiterführung der Vormundschaft nicht eignet, beim Vormundschaftsgerichte die Bestellung eines anderen Vormundes in Antrag zu bringen haben.

Wird die Wohnung des Mündels in eine andere Gemeinde oder in einen anderen Bezirk (Waisenrathsbezirk) verlegt, so ist es Pflicht des Vormundes, den Waisenrath (des früheren Wohnorts bezw. Bezirks) hiervon zu benachrichtigen. Dieser hat alsdann dem Waisenrathe des neuen Aufenthaltsorts davon Kenntniß zu geben; denn der Waisenrath ist nur zuständig für die Beaufsichtigung derjenigen Mündel, welche in seinem Bezirke wohnen, d. h. regelmäßig sich aufhalten.

---

# Sechster Abschnitt.

## Vom Familienrathe.

### § 45. Was ist und soll der Familienrath?[133])

Der Familienrath ist eine aus den männlichen Verwandten und Verschwägerten des Mündels unter dem Vorsitz des Vormnndschaftsrichters gebildete, mindestens aus drei, höchstens aus sechs Personen bestehende Vormundschafts-Behörde, welche, wenn und so lange sie existirt, in allen Beziehungen **an die Stelle des Vormundschaftsgerichts tritt.** Der Familienrath hat demnach insbesondere die Aufsicht[134]) über die

---

[133]) §§ 72, 75, 76 d. Vorm.-Ordn.

[134]) Der Familienrath ist ebensowenig, wie das Vormundschaftsgericht, eine verwaltende Behörde. Die Verwaltung selbst ist vielmehr

gesammte Thätigkeit des Vormundes und des Gegenvormundes zu führen, die erforderliche Genehmigung zu den in den §§ 22 und 24 bezeichneten wichtigeren Rechtsgeschäften zu ertheilen, überhaupt alle diejenigen, auf die vormundschaftliche Verwaltung bezüglichen Anordnungen zu treffen, welche sonst dem Vormundschaftsgerichte obliegen würden[135]).

## § 46. Von der Bildung des Familienraths[136]).

Ein Familienrath wird gebildet:

1. Wenn der Vater oder die Mutter des Mündels in der Form und unter den Voraussetzungen des § 36, Nr. 1 a und 2 die Bildung eines Familienraths angeordnet haben (sie können in eben derselben Weise auch die Bildung eines Familienraths untersagen).

2. Wenn drei Personen, welche mit dem Mündel bis zum dritten Grade verwandt oder verschwägert sind, die Bildung beantragen.

3. Wenn der Vormund[137]) oder der Gegenvormund die Bildung beantragen.

---

auch beim Vorhandensein eines Familienraths lediglich Sache des Vormundes; nur hat der Familienrath bei den in den §§ 22 und 24 bezeichneten Fällen anstatt des Gerichts mitzuwirken. Vergl. § 15 1.

135) Vergl. auch Anm. 130.

136) §§ 71 bis 74 d. Vorm.-Ordn.

137) Die Bildung eines Familienrathes wird sich dann empfehlen, wenn eine größere Verwaltung dem Vormunde obliegt, z. B. ein Landgut, eine Fabrik, ein größeres kaufmännisches Geschäft 2c. Hier wird zur Beaufsichtigung des Vormundes und zu dessen Unterstützung (indem der Vormund in Zweifelsfällen sich dort Raths erholen kann) statt des Richters, dem meist die wünschenswerthe Fachkunde abgehen wird, eine aus sachverständigen oder doch mit den speciellen Verhältnissen vertrauteren Männern gebildeter Familienrath ersprießlichere Dienste leisten.

**Zum Eintritt in den Familienrath kann Niemand gezwungen werden.**

Der Familienrath besteht aus Verwandten und Verschwägerten des Mündels. Andere Personen können ausnahmsweise in denselben berufen werden, wenn der Vater oder die Mutter des Mündels in der gesetzmäßigen Weise (s. oben unter Nr. 1) sie benannt haben, oder wenn ein schon bestehender Familienrath sie beruft. Die Mitglieder des Familienraths müssen zur Führung einer Vormundschaft gesetzlich fähig sein (§ 4). Die Gültigkeit der Bestellung gesetzlich unfähiger Mitglieder richtet sich nach dem im § 4 Mitgetheilten.

Der Gegenvormund kann Mitglied des Familienraths sein [138]) (der Vormund nicht).

Soweit die Mitglieder des Familienraths nicht durch den Vater oder die Mutter berufen sind, oder die von Diesen Berufenen nicht eintreten oder Mitglieder ausscheiden, erfolgt die Berufung der Mitglieder bis zur Sicherstellung der Beschlußfähigkeit (s. unten) durch den Vormundschaftsrichter nach Anhörung von Verwandten und Verschwägerten des Mündels, sofern dieselbe ohne Verzug geschehen kann. Darüber, ob und welche Personen außerdem etwa berufen werden sollen, hat der so gebildete Familienrath selbst zu beschließen.

Die Mitglieder des Familienraths werden vom Vormundschaftsrichter bestellt und zwar durch Verpflichtung auf treue und gewissenhafte Führung ihres Amts mittelst Handschlags an Eidesstatt.

Der Familienrath ist nur bei Anwesenheit des Vorsitzenden (des Vormundschaftsrichters) und zweier Mitglieder beschlußfähig. Besteht derselbe nur aus dem Vorsitzenden und zwei Mitgliedern, so sind, um bei Behinderung eines Mitgliedes Beschlußunfähigkeit zu verhüten, ein oder zwei Ersatzmitglieder zu berufen und muß zugleich die Reihenfolge bestimmt werden, in welcher dieselben geeigneten Falls einzutreten haben.

---

[138]) obwohl er andererseits in seiner Stellung als Gegenvormund auch der Aufsicht des Familienraths untersteht.

## § 47. Von der Berufung des Familienraths und der Beschlußfassung[139]).

Der Familienrath wird durch den Vormundschaftsrichter zur Beschlußfassung oder sonstigen Thätigkeit zusammengerufen. Es geschieht dies auf den Antrag zweier Mitglieder oder des Vormundes oder des Gegenvormundes, kann aber auch ohne Antrag von Amtswegen geschehen. Alle Mitglieder sollen schriftlich oder mündlich durch den Vormundschaftsrichter eingeladen werden.

Bei der Beschlußfassung entscheidet die Mehrheit der Stimmen der Anwesenden. Bei Stimmengleichheit giebt die Stimme des Vormundschaftsrichters den Ausschlag.

Zum Nachweise eines gültigen Beschlusses genügt die Unterschrift des Vormundschaftsrichters. Der Vormund kann verlangen, daß ihm die Beschlüsse des Familienraths schriftlich zugehen.

Wird in einer vormundschaftlichen Angelegenheit ein sofortiges Einschreiten der vormundschaftlichen Aufsichtsbehörde erforderlich, so kann der Vormundschaftsrichter die nöthigen Anordnungen einstweilen treffen; er ist aber verpflichtet, den Familienrath unverzüglich zusammenzurufen, um Diesen von der getroffenen Verfügung in Kenntniß zu setzen und über die weiter zu ergreifenden Maßregeln einen Beschluß herbeizuführen.

Gegen die Beschlüsse des Familienraths findet Beschwerde statt wie gegen die Beschlüsse des Vormundschaftsgerichts (s. § 10).

## § 48. Sonstiges[140]).

Die Mitglieder des Familienraths können aus denselben Gründen, wie ein Vormund (vgl. § 8), entsetzt oder entlassen werden. Die entsetzende u. s. w. Behörde ist das Beschwerdegericht (§ 10).

---

[139]) §§ 77, 78 d. Vorm.-Ordn.

[140]) §§ 79, 80 d. Vorm.-Ordn.

Gegen Mitglieder des Familienraths, welche ohne genügende Entschuldigung ausbleiben, kann der Vormundschaftsrichter eine Ordnungsstrafe bis zum Betrage von 100 M. verhängen. Gegen die Verhängung der Strafe ist Beschwerde zulässig (§ 10).

Wenn es an der erforderlichen Anzahl von zum Familienrath geeigneten Personen fehlt, so wird ein Familienrath überhaupt nicht gebildet. Fehlt es an Personen zur Ersetzung der aus einem bestehenden Familienrath ausscheidenden Mitglieder, so löst sich der Familienrath auf und das Vormundschaftsgericht tritt in seine Stelle. Von der Auflösung des Familienraths soll das Gericht die bisherigen Mitglieder, den Vormund und den Gegenvormund in Kenntniß setzen. Auch erhalten in solchem Falle der Vormund und der Gegenvormund eine neue Bestallung (§ 3), wogegen die alte zurückzugeben ist.

---

# Siebenter Abschnitt.

## Von der Vormundschaft über Großjährige und der über Abwesende insbesondere.

### § 49. Im Allgemeinen [141]).

Ueber die Veranlassung zur Anordnung einer Vormundschaft über Großjährige (solche, welche das 21. Lebensjahr vollendet haben) ist bereits im § 1 gehandelt worden. Auf die Vormundschaft über Großjährige findet das, was in den vorhergehenden Abschnitten dargestellt ist, gleichfalls Anwendung, soweit nicht ausdrücklich von minderjährigen Mündeln die Rede gewesen ist. Ueber die Handlungs- und Geschäftsfähigkeit bevormundeter Großjähriger (Geisteskranker, Verschwender 2c.) giebt es zur Zeit in Preußen noch kein einheitliches Recht; die Frage ist also im einzelnen Falle nach dem an dem betreffenden Orte

---

[141]) §§ 81, 83 bis 85 d. Vorm.-Ordn.

geltenden besonderen Rechte zu beantworten. Der Vormund des Großjährigen wird im Allgemeinen nicht fehl gehen, wenn er so handelt, als wenn sein Pflegebefohlener ein Minderjähriger wäre[142]), und in Zweifelsfällen den Vormundschaftsrichter zu Rathe zieht. Wird für Jemanden, der lediglich wegen körperlicher Gebrechen, z. B. Taubheit, Blindheit 2c. an der Besorgung seiner Rechtsangelegenheiten gehindert ist, ein Vormund bestellt (§ 1[4]), so wird ohnehin das Vormundschaftsgericht bei der Bestellung den Vormund mit genauer Instruction versehen.

Lebt der **Vater** des unter Vormundschaft zu stellenden Großjährigen noch, so ist dieser **gesetzlicher Vormund** (vergl. darüber das im § 7 Gesagte). Ist der zu Bevormundende verheirathet, so kann seine Ehefrau zur Vormünderin bestellt werden und hat in solchem Falle eine gewisse freiere Stellung (s. § 34). Im Uebrigen gilt wegen der Wahl und Bestellung des Vormundes das, was in den §§ 3 bis 6 gesagt ist.

Dem Vormunde eines Abwesenden oder Verschwenders kann auch bei nicht umfangreicher Vermögensverwaltung ein Honorar zugebilligt werden (§ 31).

Die Vormundschaft über einen Großjährigen hört auf, wenn der Grund zu deren Einleitung gehoben[143]) ist, z. B. wenn der Geisteskranke genesen, die Prodigalitätserklärung (Erklärung zum Verschwender) wieder aufgehoben, und selbstverständlich, wenn der Bevormundete gestorben ist. Der vorsichtige Vormund wird jedoch, ehe er sich der vormundschaftlichen Geschäfte entschlägt, die Anweisung des Vormundschaftsgerichts einholen. Das Amt des Vormundes kann, abgesehen von der Beendigung der Vormundschaft überhaupt, aus denselben Gründen aufhören, wie das Amt des Vormundes für Minderjährige (s. § 8).

---

[142]) Nur der Verschwender im Gebiete des Rheinischen Rechts handelt trotz der über ihn verhängten Vormundschaft selbständig und ist nur bei wichtigeren Geschäften an die Genehmigung des Vormundes gebunden. Dernburg, Preußisches Vormundschaftsrecht, § 95.

[143]) Ob dieses geschehen, muß nach den in den einzelnen Landestheilen geltenden Rechten beurtheilt werden.

Die Einleitung und die Aufhebung der Vormundschaft über einen Verschwender muß vom Vormundschaftsgerichte öffentlich bekannt gemacht werden.

## § 50. Von der Vormundschaft über Abwesende insbesondere[144]).

Ueber **Abwesende** wird eine Vormundschaft in folgenden Fällen angeordnet:

1. wenn über ihren Aufenthalt ein Jahr lang keine Nachricht eingegangen ist;
2. wenn Dieselben an ihrer Rückkehr, sowie an der Besorgung ihrer Vermögensangelegenheiten gehindert[145]) sind.

Die Anordnung der Vormundschaft setzt jedoch voraus, daß der Abwesende einen Bevollmächtigten zur Besorgung seiner Angelegenheiten nicht bestellt hat, oder daß Umstände eingetreten sind, welche die etwa ertheilte Vollmacht aufheben (z. B. Tod, Handlungsunfähigkeit des Bevollmächtigten), oder welche (nach dem Ermessen des Vormundschaftsgerichts) die Annahme begründen, daß der Abwesende, wenn er Kenntniß davon hätte, die ertheilte Vollmacht widerrufen würde (z. B. der Bevollmächtigte wird wegen Betruges u. dergl. verurtheilt).

Aus dringenden Gründen kann für Jemand, dessen Aufenthaltsort unbekannt ist, auch vor Ablauf eines Jahres ein Vormund bestellt werden.

Die Einleitung einer Vormundschaft über einen Abwesenden kann Jedermann beantragen, welcher dem Vormundschaftsgerichte ein Interesse zur Sache nachweist.

Der Vormund des Abwesenden hat das von Diesem etwa

---

[144]) §§ 82, 84 d. Vorm.-Ordn.

[145]) Kann Jemand, obgleich abwesend, doch von seinem Aufenthaltsorte aus seine Geschäfte in der Heimath besorgen oder doch einen Vertreter dort bestellen, oder steht seiner Rückkehr ein Hinderniß nicht entgegen, so hat der Staat keine Veranlassung, den etwaigen Folgen seiner Nachlässigkeit durch Anordnung einer Vormundschaft vorzubeugen.

zurückgelassene Vermögen zu verwalten[146]) (§ 15) und Denselben in vorkommenden Vermögensangelegenheiten zu vertreten (§ 14); er kann insbesondere auch für Denselben Processe führen oder Erbschaften antreten (wie jeder andere Vormund). Wegen der Person des Abwesenden hat er keine Verpflichtungen.

Die Vormundschaft über einen Abwesenden hört auf, wenn der Abwesende zurückkehrt, oder wenn er einen Bevollmächtigten ernennt, oder wenn festgestellt wird, daß er weder an der Rückkehr, noch an der Ernennung eines Bevollmächtigten gehindert ist, endlich dann, wenn der Abwesende für todt, für verschollen (oder im Bezirke des Appellationsgerichtshofes zu Cöln für abwesend[147]) erklärt worden ist. Der Vormund wird jedoch, ehe er sein Amt niederlegt, die Anweisung des Vormundschaftsgerichts einholen.

---

# Achter Abschnitt.

## Von der Beendigung der Vormundschaft.

### § 51. 1. Durch erlangte Großjährigkeit des Mündels[148]).

Die Vormundschaft über einen minderjährigen Mündel hört auf, sobald durch den Eintritt desselben in das Alter[149])

---

[146]) Die nach dem geltenden Rechte etwa bestehenden Ansprüche der Erben des Abwesenden auf Verwaltung und Nutznießung des Vermögens Desselben werden durch diese Bestimmungen nicht berührt d. h. der Vormund hat erst dann zu verwalten und zu vertreten, wenn nicht nach besonderen Gesetzen andere Personen als muthmaßliche Erben des Abwesenden hierauf ein persönliches Recht haben.

[147]) Die Abwesenheitserklärung hat hier also eine besondere Bedeutung.

[148]) § 61 d. Vorm.=Ordn.

[149]) In Folge der Verheirathung des Mündels tritt die Großjährigkeit nicht mehr ein.

der Großjährigkeit (mit Vollendung des 21. Lebensjahres) der Grund zur Vormundschaft in Wegfall gekommen ist. Der Mündel wird mit dem Tage der erlangten Großjährigkeit selbständig, wenn auch die formelle Abgabe der Vormundschaft seitens des Vormundes und die Quittungsertheilung und Entlastung seitens des Mündels erst später eintritt (s. § 28). Der Vormund wird sich jedoch mit dem Tage der Volljährigkeit des Mündels nicht ohne Weiteres gänzlich der vormundschaftlichen Verwaltung entschlagen, sondern als sorgsamer Hausvater die laufenden Verwaltungsgeschäfte fortführen, bis er sie dem Mündel übergeben hat; selbstverständlich hat er Diesen auch unverzüglich über die Lage seiner Angelegenheiten in Kenntniß zu setzen, ihn auf etwaige, schleuniger Erledigung bedürfende Geschäfte hinzuweisen 2c. Auch ist er seiner Vormundspflichten nicht eher entbunden, als bis er ordnungsmäßig Schlußrechnung abgelegt und das Vermögen dem Mündel überantwortet hat. Nur bedarf es der Vertretung des Mündels bei vorkommenden neuen Rechtsgeschäften und Verwaltungshandlungen nicht mehr, da der Mündel jetzt selbst seinen Vermögensangelegenheiten vorstehen kann.

Ist der großjährig gewordene Mündel abwesend, oder geisteskrank, taub, stumm 2c., so hat an die Stelle der bisherigen Vormundschaft über den Minderjährigen (Altersvormundschaft) eine Vormundschaft über Großjährige zu treten (§§ 49, 50). Der Vormund hat die Sachlage dem Vormundschaftsgerichte ohne Verzug vorzutragen und zu gewärtigen, ob er selber als Vormund beibehalten oder ein anderer Vormund bestellt wird.

Wird von mehreren Mündeln Einer großjährig, so scheidet Dieser aus der im Uebrigen fortbestehenden Vormundschaft aus. Ob sofort eine Vermögensauseinandersetzung mit dem großjährig Gewordenen herbeizuführen ist, hängt von dem pflichtmäßigen Ermessen des Vormundes ab, falls nicht etwa der Großjährige sie verlangt und hierzu gesetzlich befugt ist. Sind ausstehende Capitalien vorhanden, so wird sich in der Regel eine sofortige Theilung derselben empfehlen; jedenfalls ist der

Vormund nicht verpflichtet, den Antheil des großjährig gewordenen Mündels ferner zu verwalten. Soll eine Auseinandersetzung stattfinden, so ist vom Vormunde ein genauer Auseinandersetzungsplan aufzustellen und derselbe dem Vormundschaftsgerichte zur Genehmigung vorzulegen.

### § 52. 2. Durch Großjährigkeitserklärung des Mündels[150]).

Der Mündel kann, bevor er das Alter der Großjährigkeit erreicht hat, aus besonderen Gründen **für großjährig erklärt** werden. Er muß jedoch das achtzehnte Lebensjahr zurückgelegt haben. Die Großjährigkeitserklärung erfolgt nur mit Einwilligung des Mündels. Auch sind vorher Verwandte und Verschwägerte desselben über die Zweckmäßigkeit der Großjährigkeitserklärung unter den oben im § 33[3] angegebenen Voraussetzungen vom Vormundschaftsgerichte anzuhören[151]).

Die Großjährigkeitserklärung muß vom Mündel selbst oder mit dessen Einwilligung vom Vormunde oder auch einem Verwandten oder Verschwägerten beim Vormundschaftsgerichte beantragt werden und sind die Gründe, weshalb die Großjährigkeitserklärung erforderlich oder zweckmäßig ist, bestimmt anzugeben, auch etwaige Bescheinigungen 2c. beizubringen. Das Gericht stellt eine genaue Sachuntersuchung an und entscheidet nach pflichtmäßigem Ermessen. Gegen die Entscheidung ist Beschwerde nach Maßgabe des im § 10 Gesagten zulässig.

Der für großjährig Erklärte hat **alle** Rechte der

---

[150]) §§ 61, 97—99 d. Vorm.-Ordn.

[151]) Die Großjährigkeitserklärung eines in väterlicher Gewalt (nicht unter Vormundschaft) stehenden Kindes erfolgt mit Zustimmung des Vaters in gleicher Weise. Nur ist die Anhörung von Verwandten und Verschwägerten nicht erforderlich.

Im Bezirke des Appellationsgerichtshofes zu Cöln findet die nach den bisherigen Vorschriften zulässige sg. Emancipation nicht mehr statt.

Großjährigen[152]) (auch in Bezug auf die Veräußerung rc. von Grundstücken) und hört die Vormundschaft über ihn auf.

## § 53. 3. Sonstige Gründe[153]).

Die Vormundschaft endet selbstverständlich mit dem Tode des Mündels. Sie hört ferner auf, wenn der Mündel wieder in die väterliche Gewalt eintritt. Dies kann z. B. geschehen, wenn der Mündel von einer anderen Person an Kindesstatt angenommen (adoptirt, arrogirt) wird, oder wenn der unehelich geborene Mündel durch spätere Verehelichung seiner Eltern die Eigenschaft eines ehelichen Kindes erlangt und dadurch in die väterliche Gewalt seines Erzeugers tritt, oder wenn das Ruhen der väterlichen Gewalt oder die Bevormundung des Vaters, welche die Einleitung der Vormundschaft über die Kinder veranlaßt hatte, aufgehört hat.

Durch Verheirathung des Mündels wird die Vormundschaft nicht beendet (doch kann der Ehemann der bevormundeten Frau an die Stelle des bisherigen Vormundes treten, s. § 6, Nr. 6 Bemerk.).

Ueber die Beendigung der Vormundschaft über Großjährige insbesondere siehe §§ 49 und 50.

Ueber die Ablage der Schlußrechnung und Herausgabe des Mündelvermögens bei Beendigung der Vormundschaft vergl. § 28.

---

[152]) Dasselbe gilt im Bezirke des Appellationsgerichtshofes zu Cöln von den vor dem 1. Januar 1876 Emancipirten, wenn sie das 18. Lebensjahr zurückgelegt haben. Auf die vor dem 1. Januar 1876 Emancipirten, welche das 18. Lebensjahr noch nicht zurückgelegt haben, finden die bisherigen Vorschriften mit der Maßgabe Anwendung, daß die dem Familienrath und dem Landgericht zugewiesene Thätigkeit von dem Vormundschaftsgericht auszuüben ist.

[153]) §§ 61, 99 d. Vorm.-Ordn.

# Neunter Abschnitt.

# Von der Pflegschaft.

## § 54. Von dem Wesen und dem Zweck der Pflegschaft und den Rechten und Pflichten des Pflegers[154]).

Die Pflegschaft unterscheidet sich von der Vormundschaft (für Minderjährige wie für Großjährige) dadurch, daß sie nur für bestimmte Angelegenheiten des Mündels (Pflegebefohlenen) und meist nur auf kurze Zeit, oder überhaupt gar nicht mit Rücksicht auf eine bestimmte Person, sondern für eine gewisse Vermögensmasse angeordnet wird. Neben dem Pfleger kann der Schutz und die Vertretung einer Person im Uebrigen von einem ständigen Vertreter, sei dies nun der im Besitz der väterlichen Gewalt befindliche Vater (oder Großvater) oder ein bestellter oder gesetzlicher Vormund, wahrgenommen werden. Eine Fürsorge für eine Person findet bei der Pflegschaft gewöhnlich nicht[155]) statt. Im Uebrigen ist die **Stellung des Pflegers** sowie das Maß seiner Rechte und Pflichten, **der des Vormundes gleich**, insoweit sich nicht im einzelnen Fall aus dem **Zwecke**, zu welchem die Pflegschaft überhaupt angeordnet worden, Abweichungen ergeben. Mit dieser Einschränkung findet Alles das, was im Vorgehenden über die Vormundschaft und den Vormund gesagt ist, auf die Pflegschaft und den Pfleger entsprechende Anwendung.

Die Anordnung einer Pflegschaft kann aus sehr verschiedenen Gründen erfolgen; sie wird besonders dann erforderlich, wenn der Vater oder der Vormund aus irgend welchem thatsächlichen Anlaß (z. B. weil er abwesend oder

---

[154]) §§ 86, 90, 91 d. Vorm.-Ordn.

[155]) Ausgeschlossen ist sie jedoch nicht. Es kann z. B. wenn einem Vater die Erziehung seines Kindes gerichtlich hat entzogen werden müssen, für die Leitung der Erziehung ein besonderer Pfleger bestellt werden.

krank ist) oder aus rechtlichen Gründen (z. B. weil es sich um Führung eines Processes oder um Erledigung von Rechtsgeschäften zwischen Vater und Hauskind oder zwischen Vormund und Mündel handelt) die Vertretung des Pflegebefohlenen nicht wahrnehmen kann. Auch kann der Fall eintreten, daß die Interessen mehrerer Mündel, z. B. Geschwister, welche einen und denselben Vormund haben, in irgend welcher Angelegenheit so sehr auseinandergehen, daß zur Regulirung der Sache jedem Mündel ein besonderer Pfleger bestellt werden muß, welcher alsdann lediglich das Interesse seines Pflegebefohlenen wahrzunehmen hat. Endlich kann es auch vorkommen, daß die Interessen des Vormundes und des Mündels sich widerstreiten, sodaß das Gericht sich veranlaßt sieht, bis zum Austrage der Angelegenheit dem Mündel einen Pfleger beizugeben.

Außerdem können überhaupt Personen, welche selbst zu handeln außer Stande sind und der väterlichen oder vormundschaftlichen Vertretung entbehren, für einzelne Angelegenheiten oder für einen bestimmten Kreis von Angelegenheiten vom Vormundschaftsgericht einen Pfleger beigeordnet erhalten. Es kann dies von Amtswegen geschehen, wie auch auf begründet befundenen Antrag des Schutzbedürftigen selbst oder dritter Personen.

Von einigen besonderen Arten der Pflegschaft ist im folgenden § die Rede.

Die Pflegschaft hört auf, wenn der Grund, welcher zu ihrer Anordnung geführt hat, weggefallen ist, z. B. wenn die Abwesenheit oder die Krankheit des Vormundes gehoben ist, wenn das besondere Rechtsgeschäft, zu dessen Abschluß der Pfleger bestellt wurde, abgewickelt ist, wenn die streitige Angelegenheit zwischen den mehreren Mündeln regulirt ist u. s. w. Die Beendigungsgründe sind daher sehr mannichfaltig, und ist dem Pfleger anzurathen, sich seines Amtes nicht eher für entbunden zu erachten, als bis er vom Gerichte entlassen ist.

Daß der Pfleger eintretenden Falls auf Anfordern des Vormundschaftsgerichts Diesem auch Rechnung abzulegen hat, versteht sich von selbst und beziehen sich die Vorschriften über die

Rechnungslegung seitens des Vormundes (§§ 27, 28) auch auf die Rechnungsablage des Pflegers.

Dem Pfleger wird regelmäßig ein Gegenvormund nicht beigeordnet. Handelt es sich jedoch bei der Pflegschaft um eine Besorgung erheblicher Vermögensangelegenheiten, so kann das Vormundschaftsgericht einen Gegenvormund (Gegenpfleger) bestellen.

Ueber die Entschädigung des Pflegers gilt das im § 31 Gesagte.

## § 55. Von einigen besonderen Arten der Pflegschaft[156]).

**1.** Es ist nicht selten, daß Jemand einer in väterlicher Gewalt oder unter Vormundschaft stehenden Person schenkweise oder durch Testament, Vermächtniß 2c. eine Zuwendung macht und dabei ausdrücklich bestimmt, daß das zugewendete Vermögen nicht in die Verwaltung des Vaters oder des Vormundes gelangen soll. Es muß in solchem Falle für die Verwaltung dieses Vermögens vom Vormundschaftsgericht ein Pfleger bestellt werden. Hat Derjenige, welcher die Zuwendung machte, eine bestimmte Person als Verwalter benannt, so ist diese als Pfleger zu bestellen, falls nicht besondere Gründe entgegenstehen (s. §§ 4 und 6). Der Schenkgeber oder Erblasser kann auch anordnen, daß der von ihm benannte Pfleger von der Verpflichtung zur Rechnungsablage während der Dauer der Pflegschaft (nicht auch zur Rechnungsablage nach beendeter Pflegschaft, § 28), zur Sicherheitsleistung und Einholung der Genehmigung des Gegenpflegers (wenn ein solcher überhaupt vorhanden) oder des Vormundschaftsgerichts zu gewissen Rechtsgeschäften (welche er sonst, gleichwie der Vormund, einholen müßte, vergl. § 22) befreiet sein soll.

**2.** Geht ein Frauenzimmer mit einem Kinde schwanger, welches, wenn es schon geboren wäre, nicht unter väterlicher Gewalt stehen würde (z. B. das Frauenzimmer ist unverehelicht, oder der Ehemann verstorben), so ist auf den Antrag der

---

[156]) §§ 87, 88 d. Vorm.-Ordn.

Schwangeren oder Desjenigen, dessen Rechte durch eine mögliche Geburt betroffen werden, oder auch in geeigneten Fällen von Amtswegen ein *Pfleger für das zu erwartende Kind* zu *bestellen*. Derselbe hat die Rechte des Kindes zu wahren, insbesondere etwaige *Erbansprüche* Desselben sicher zu stellen. Zur Erhaltung des Kindes hat der Pfleger auch für die Alimentation der Mutter Sorge zu tragen.

Der Pfleger eines zu erwartenden Kindes kann geeigneten Falls zugleich zum Nachlaßpfleger (s. Nr. 3) bestellt werden.

Im Uebrigen hängt die Stellung und das Maß der Pflichten und Befugnisse des Pflegers von den besonderen thatsächlichen Umständen, wie von den im einzelnen Fall in Betracht kommenden besonderen Rechten der verschiedenen Landestheile ab. Das Vormundschaftsgericht wird daher den Pfleger bei seiner Verpflichtung mit specieller Instruction für seine Thätigkeit ver- n.

3. Ist Jemand *ohne bekannte Erben verstorben* und hat Vermögen hinterlassen, so bestellt das Gericht *zur Erhaltung des Nachlasses* und *zur Ausmittelung der Erben* einen Pfleger. Die Hauptobliegenheit Desselben ist, das den Nachlaß bildende Vermögen dem oder den noch zu ermittelnden Erben zu *erhalten*. Der Nachlaßpfleger ist daher befugt, alle für diesen Zweck *erforderlichen* Handlungen vorzunehmen; er hat aber nicht ohne Weiteres auch alle *Verwaltungs*befugnisse, welche der Vormund hat (also z. B. das Recht, Vermögenstheile zu veräußern, Capitalien einzuziehen. Gläubiger zu befriedigen ꝛc.). Der Umfang seiner Befugnisse bezw. seiner Pflichten, soweit sie über den Zweck der bloßen Erhaltung des Nachlasses hinausgehen, ist vielmehr nach den in den einzelnen Landestheilen geltenden Rechten ein verschiedener[157]).

---

[157]) Der Nachlaßpfleger hat übrigens zu beachten, daß er den Nachlaß an die etwa ausgemittelten Erben nicht eher herausgeben darf, als bis die auf dem Nachlaß haftenden *Erbschaftssteuern* berichtigt oder sichergestellt sind, widrigenfalls er persönlich für die Steuer verhaftet bleibt. Er hat in dieser Beziehung dieselben Verpflichtungen wegen Anmeldung des Erbanfalls, Einreichung eines Nachlaßverzeichnisses ꝛc. bei

Einem Nachlaßpfleger kann auch bei nicht umfangreicher Vermögensverwaltung ein Honorar vom Vormundschaftsgerichte zugebilligt werden.

## § 56. Schlußbemerkung[158]).

Die im Vorstehenden behandelten gesetzlichen Bestimmungen finden auf Vormundschafts- und Pflegschaftsangelegenheiten der Mitglieder der Königlichen Familie und des Hohenzollernschen Fürstenhauses keine Anwendung; vielmehr richten sich diese nach den Bestimmungen der Hausverfassung.

Auch werden die nach dem bisher geltenden Privatfamilienrecht der Häupter und Mitglieder der früher reichsständischen Familien begründeten Rechte durch die Bestimmungen der Vormundschaftsordnung nicht berührt.

---

dem Erbschaftssteuer-Amt, wie der Vormund, dessen Mündel eine steuerpflichtige Erbschaft anfällt (vergl. § 29 Nr. 4). Erbschaftssteuer-Gesetz vom 30. Mai 1873, §§ 28 und 35.

158) §§ 100, 101 d. Vorm.-Ordn.

**Beilage A.**

# Güter-Verzeichniß

über

## das sämmtliche Vermögen der minderjährigen Kinder des verstorbenen Vollmeiers A. zu H.

Aufgenommen

(in Gegenwart der Wittwe A. geb. D. und des volljährigen Heinrich A., beide zu H.,)

am .... von dem gerichtlich bestellten Vormunde, Halbhöfner N. zu H., unter Buziehung des Gegenvormundes, Gastwirths P. daselbst.

---

Das Vermögen der Mündel besteht aus deren Antheile an dem Nachlasse ihres vorgenannten Vaters, bei welchem außer ihnen der großjährige Heinrich A. und die Wittwe A. betheiligt sind.

Im Nachlasse haben sich vorgefunden:

| | | M.*) | Pf. |
|---|---|---|---|
| | **I. An unbeweglichen Gütern.** | | |
| 1. | Ein Wohnhaus in Fachwerk, mit Ziegeln gedeckt, 10 Meter lang, 5½ Meter breit, auf dem Hofe (versichert in der Landesbrandkasse zu ... M.). In dem Wohnhause befinden sich 4 Stuben, 2 Kammern, 1 Küche, 1 Speisekammer u. s. w. | | |
| 2. | Eine daran liegende Scheune in Fachwerk, mit Ziegeln gedeckt, 9 Meter lang, 4 Meter breit (versichert in der Landesbrandkasse mit ... M.). | | |

*) Die Geldspalte ist für den Fall einer etwa erforderlich werdenden Taxation bestimmt.

| | | M. | Pf. |
|---|---|---|---|
| 3. | Ein Stallgebäude auf dem Hofe, 8 Meter lang, 5 Meter breit, mit Stroh gedeckt (versichert zu ... M.) worin 2 Kuhställe, 1 Schweinestall u. s. w. | | |
| 4. | Ein Garten hinter dem Hause, ca. 20 Ar groß. | | |
| 5. | An Ackerländerei: | | |
| | a) 1 1/2 Hektare auf dem Helberge. | | |
| | b) 2 Hektare in der Röthe. | | |
| | u. s. w. | | |
| 6. | An Wiesen: | | |
| | a) ca. 2 Hektare im Südmoore. | | |
| | u. s. w. | | |
| | **II. An Rechten und Gerechtigkeiten.** | | |
| 1. | 1/20 Antheil an der Gemeinde-Forst. | | |
| 2. | Hut- und Weideberechtigung auf .... | | |
| | **III. An baarem Gelde.** | | |
| 1. | 50 M. in Papiergelde. | | |
| 2. | 43 M. 8 Pf. Münze. | | |
| | **IV. An Kostbarkeiten.** | | |
| 1. | Eine goldene Uhr mit goldener Kette. | | |
| | u. s. w. | | |
| | **V. An Gold- und Silbergeschirr.** | | |
| | Nichts. | | |
| | **VI. An Porcellan- und Glassachen u. s. w.** | | |
| 1. | 21 flache Teller von Porcellan. | | |
| | u. s. w. | | |
| | **VII. An Vieh.** | | |
| 1. | Ein Fuchswallach, ca. 3 Jahre alt. | | |
| 2. | Zwei Kühe. | | |
| | u. s. w. | | |
| | **VIII. An vorräthigen Naturalien.** | | |
| 1. | Früchte: | | |
| | a) an ausgedroschenen (wovon jede besondere Art nach ihrer Quantität zu verzeichnen). | | |
| | b) an ungedroschenen (wie vorstehend). | | |

| | | M. | Pf. |
|---|---|---|---|
| 2. | An Stroh ... | | |
| 3. | An Mist ... | | |
| 4. | An Victualien. | | |
| | u. s. w. | | |
| | **IX. An Ackergeschirr und zur Viehzucht gehörigen Geräthschaften.** | | |
| 1. | Ein Ackerwagen. | | |
| | u. s. w. | | |
| | **X. An Zinn, Kupfer, Messing, Küchengeräthen.** | | |
| 1. | Ein kupferner Kessel. | | |
| | u. s. w. | | |
| | **XI. An Möbeln und sonstigem Hausgeräth.** | | |
| 1. | Ein eichen Schrank. | | |
| | u. s. w. | | |
| | **XII. An Flachs, Heede, Leinwand u. s. w.** | | |
| 1. | 54 Meter Leinwand. | | |
| | u. s. w. | | |
| | **XIII. An Betten.** | | |
| | (Art der Betten, der Federn und der dazu gehörigen Zeuge anzugeben.) | | |
| | **XIV. An Kleidungsstücken.** | | |
| 1. | Ein schwarzer Tuch-Rock. | | |
| | u. s. w. | | |
| | **XV. An ausstehenden Forderungen.** | | |
| | (Werthpapiere, Hypotheken- und Grundschuldbriefe, Schuldverschreibungen u. s. w. Betrag des Capitals, Höhe des Zinsfußes, Datum der Zinszahlungen, Betrag der etwa rückständigen Zinsen u. s. w. anzugeben.) | | |
| | **XVI. An Schulden.** | | |
| | (Anzugeben, ob Hypotheken- oder Grundschulden, ob auf Handschein, oder ob ohne alle Schrift. Hierher gehört auch die etwaige Brautschatz- (Geld-) Forderung der Wittwe des Erblassers.) | | |

| | M. | Pf. |
|---|---|---|
| **XVII. An Briefschaften und Documenten.**<br>(Soweit solche nicht etwa unter XV. schon angegeben).<br><br>**XVIII. Verzeichniß von Sachen,**<br>welche sich im Nachlasse vorgefunden haben, aber von andern Personen in Anspruch genommen werden.<br>1. Sachen, welche die Wittwe als eingebrachte Aussteuergegenstände in Anspruch nimmt.<br>u. s. w.<br><br>**XIX. Nachricht**<br>von anhängigen Processen und vormundschaftlichen (pflegschaftlichen) Verwaltungen, welche der Verstorbene geführt hat.<br>1. Der Verstorbene hat als Kläger einen Proceß mit dem Kaufmann A. Beermann in Neuhaus wegen Darlehnsforderung von 300 M. geführt, welcher jetzt in der Berufungsinstanz schwebt.<br>2. Der Verstorbene ist Vormund für den minderjährigen Sohn des weil. Ackermanns B. in F. gewesen.<br><br>(NB. Erforderlichen Falls sind noch weitere Rubriken zu machen, als z. B.:<br>An Vorrath und Waaren zum Verkauf und Handel.<br>An Gemälden.<br>An Büchern.<br>u. s. w.) | | |

Die Richtigkeit und Vollständigkeit des vorstehenden Verzeichnisses versichern wir pflichtmäßig.

**N. Vormund.**

**P. Gegenvormund.**

**Beilage B.**

# Vormundschafts-Rechnung

für

die nachgelassenen minderjährigen Kinder des weiland Ackermanns **Heinrich Müller** in Neuhaus

erster Ehe: 1. Heinrich Müller, 20 Jahre alt,
zweiter Ehe: 2. Friedrich Müller, 15 Jahre alt,
3. Louise Müller, 12 Jahre alt.

**Vom 1. Januar bis 31. December 1876.**

Geführt von dem Vormunde, Köthner Heinrich Kauschel in Neuhaus.

Hat Beläge:

zur Einnahme Lit. A. bis F. zur Ausgabe No. 1 bis 20.

---

Die Rechnung ist geprüft und (außer den in der Anlage — nachstehend — gemachten Bemerkungen) nichts dabei zu erinnern gefunden. Der Vermögensbestand ist mir nachgewiesen. (§ 39.)

Neuhaus, den ...... 1877.

**F. Herrmann**, Gastwirth.
Gegenvormund.

## A. Mittheilung
### über die persönlichen Verhältnisse der Mündel. (§ 27[1].)

(Zu jeder Rechnung.)

Der Mündel Heinrich M. leistet in M. beim ...... Regiment seiner Militairpflicht Genüge und wird voraussichtlich am ...... entlassen werden.

Friedrich M. dient als Knecht beim Ackermann P. in T.

Louise M. befindet sich bei ihrer Mutter in N. und besucht die dortige Volksschule.

## B. Vorbericht (§ 27[1])
### über Ab- und Zugang des Vermögens.

(Zur ersten und allen folgenden Rechnungen.) Der in dem eingereichten Güterverzeichniß vom .... (in der vorigen Rechnung) verzeichnete Vermögensbestand hat folgende Aenderungen erfahren:

**1. Abgang.**

| | | |
|---|---|---|
| ad III. 1. | des Güterverz. | Das baare Geld ist verausgabt. |
| ad VII. 1. | = = | Eine der Stuten ist crepirt. |
| ad X. 1., 5., 6. 2c. | = | Die Sachen sind verkauft (siehe S. . der Rechnung). |
| ad XIII. | = | Die Kleidungsstücke sind sämmtlich verkauft. (S. .. d. Rechn.) |
| ad XV. 2. | = | Das Darlehnscapital nebst Zinsen ist zurückgezahlt. (S. .. d. Rechn.) |
| ad XVI. 1.—6. | = | Die Schulden sind sämmtlich abgetragen. (S. .. d. Rechn.) |

**2. Zugang.**

| | | |
|---|---|---|
| ad III. | des Güterverz. | An Rechnungsüberschuß 20 M. |
| ad VI. | = = | Eine Obligation der Provinz.=Cred.=Anstalt zu .... vom 2. October 1875 Lit. A. No. 570 über 300 M. nebst Zinsen vom ... ab. |

**3. An Capitalvermögen** ist hiernach jetzt vorhanden:

1. ...........
2. ...........
3. Eine Obligation der Provinz.=Cred.=Anst. zu ... vom 2. Octbr. 1875 Lit. A. No. 570 über 300 M.

## C. Beantwortung der Erinnerungen
### zur vorigen Rechnung laut Verfügung des Königlichen Amts= (Friedens=, Kreis=) gerichts vom ....

u. s. w. u. s. w.

| Lit. der Beläge. | A. Einnahme. | M. | Pf. |
|---|---|---|---|
| | **I. Einnahme an Baarschaften aus dem Güterverzeichniß.** | | |
| | An Papiergeld und Reichsmünze waren vorhanden . | | |
| | Summa . | . . | . |
| | **II. Einnahme für verkaufte Mobilien.** | | |
| A. | Laut Auctionsverzeichnisses vom ... . . . . . . | | |
| | Summa . | . . | . |
| | **III. Ueberschuß aus voriger Rechnung und Erstattung auf Grund von Rechnungserinnerungen.** | | |
| | An Ueberschuß sind aus voriger Rechnung zu vereinnahmen . . . . . . . . . . . . . | | |
| | Vermöge Bescheides vom ... hat Vormund auf Grund von Rechnungserinnerungen zu erstatten . . | | |
| | Summa . | . . | . |
| | **IV. An Zinsen von ausstehenden Capitalien.** | | |
| | (Hier ist bei jedem Posten die Summe des Capitals, der Zinsenbetrag, der Name des Schuldners, Datum der Schuldverschreibung und der Zinszahlungstermin anzugeben bezw. die Obligation genau zu bezeichnen.) . . . . . . . | | |
| | Summa . | . . | . |
| | **V. Für verkaufte Grundstücke und Gerechtigkeiten.** | | |
| B. | . . . . . . . . . . . . . . . . . . . . | | |
| | Summa . | . . | . |
| | **VI. Für verpachtete Grundstücke und Gerechtigkeiten.** | | |
| C. | . . . . . . . . . . . . . . . . . . . . | | |
| | Summa . | . . | . |
| | **VII. Aus dem Haushalte, für verkaufte Früchte, Vieh u. s. w.** | | |
| | . . . . . . . . . . . . . . . . . . . . | | |
| | Summa . | . . | . |

| Lit. der Beläge. | | M. | Pf. |
|---|---|---|---|
| | **VIII. An zurückgezahlten Capitalien und sonst eingegangenen Forderungen.** | | |
| | . . . . . . . . . . . . . . . . . . . . . . . | . . | . |
| | Summa . | . . | . |
| | **IX. An neu erborgten Capitalien.** | | |
| | (Zu bemerken: zu welchem Zwecke, von wem, wann, gegen welchen Zinsfuß und ob mit Genehmigung des Vormundschaftsgerichts das Darlehn aufgenommen ist.) . . . . | . . | . |
| | Summa . | . . | . |
| | **X. An Restanten.** | | |
| | (Hier wird alles Dasjenige, was in der vorigen Rechnung **an Restanten in Ausgabe gebracht ist**, wieder in Einnahme gestellt, und alles Dasjenige, was beim Schlusse dieser Rechnung davon noch rückständig ist, unter den Restanten (Ausgabe, IX.) wieder zum Absatz gebracht.) . . . . . | . . | . |
| | Summa . | . . | . |
| | **XI. Insgemein.** | | |
| | (Unter dieser Rubrik werden alle diejenigen Posten, welche sich nicht wohl unter die anderen Rubriken bringen lassen, in Einnahme gestellt.) . . . . . . . . . . . . | . . | . |
| | Summa . | . . | . |
| | **Wiederholung aller Einnahmen.** | | |
| | I. . . . . . . . . . . . . . . . . . . . . | . . | . |
| | II. . . . . . . . . . . . . . . . . . . . . | . . | . |
| | u. s. w. | | |
| | Summa . | . . | . |

| No. der Beläge. | B. Ausgabe. | M. | Pf. |
|---|---|---|---|
| | **I. Vorschuß aus der vorigen Rechnung und aus Rechnungserinnerungen.** | | |
| | Laut vor. Rechn. hat Vormund vorgeschossen . . . | | |
| | Aus den Rechnungserinnerungen hat Vormund gut | . . | . |
| | Summa . | . . | . |
| | **II. An Steuern, herrschaftlichen Gefällen u. s. w.** | | |
| 1. | . . . . . . . . . . . . . . . . . . . . . | . . | . |
| | Summa . | . . | . |
| | **III. An bezahlten Schulden und Zinsen.** | | |
| 2. | . . . . . . . . . . . . . . . . . . . . . | . . | . |
| | Summa . | . . | . |
| | **IV. An ausgeliehenen Capitalien.** | | |
| 5. | . . . . . . . . . . . . . . . . . . . . . | . . | . |
| | Summa . | . . | . |
| | **V. Ausgaben behuf des Haushalts u. s. w.** | | |
| 8. | . . . . . . . . . . . . . . . . . . . . . | . . | . |
| | Summa . | . . | . |
| | **VI. Bau- und Reparaturkosten.** | | |
| 18. | . . . . . . . . . . . . . . . . . . . . . | . . | . |
| | Summa . | . . | . |
| | **VII. Kost- und Schulgeld und sonstige Erziehungskosten.** | | |
| 30. | . . . . . . . . . . . . . . . . . . . . . | . . | . |
| | Summa . | . . | . |
| | **VIII. Gerichtsgebühren und Proceßkosten.** | | |
| 37. | . . . . . . . . . . . . . . . . . . . . . | . . | . |
| | Summa . | . . | . |

| No. der Beläge. | | M. | Pf. |
|---|---|---|---|
| | **IX. Restanten.** | | |
| | . . . . . . . . . . . . . . . . . . . . . . . . . . . . | . . | . |
| | Summa . | . . | . |
| | **X. Insgemein.** | | |
| 46. | (Vergl. Einnahme, XI.) . . . . . . . . . . . . . . . . | . . | . |
| | Summa . | . . | . |
| | **Wiederholung aller Ausgaben.** | | |
| | I. . . . . . . . . . . . . . . . . . . . . . . . . . | . . | . |
| | II. . . . . . . . . . . . . . . . . . . . . . . . . . | . . | . |
| | u. s. w. Summa . | . . | . |
| | **Bilanz.** | | |
| | Die Einnahme beträgt nach Seite ... . . . . . . | . . | . |
| | Die Ausgabe beträgt nach Seite ... . . . . . . . | . . | . |
| | Verglichen, bleibt Ueberschuß . | . . | . |
| | (oder: verglichen, behält Vormund gut) . | . . | . |

Daß in der vorstehenden Rechnung alle Einnahmen verrechnet sind und daß ich außer den in der Rechnung aufgeführten vormundschaftlichen Vermögensstücken andere nicht verwahre, versichere ich damit. (§ 27[1].)

(Königliches Vormundschaftsgericht ersuche ich, mir eine Abschrift der Rechnung zufertigen zu wollen.)

N., den ......

**H. Kauschel,**
Vormund.

# Vormundschaftsordnung.

Vom 5. Juli 1875.

---

Wir **Wilhelm**, von Gottes Gnaden König von Preußen ꝛc. verordnen, unter Zustimmung der beiden Häuser des Landtages Unserer Monarchie, für den ganzen Umfang derselben, was folgt:

## Erster Abschnitt.

## Vormundschaftsgericht.

§. 1. Das Vormundschaftsgericht wird von Einzelrichtern (Friedensrichtern, Amtsrichtern, Gerichtskommissarien) verwaltet.

Im Geltungsbereich der Verordnung vom 2. Januar 1849 und im Bezirk des Appellationsgerichts zu Frankfurt a. M. werden zu diesem Zwecke bei den Kollegialgerichten erster Instanz ein oder mehrere Einzelrichter ernannt.

§. 2. Für die Vormundschaft über einen Minderjährigen ist das Gericht zuständig, in dessen Bezirk der Vater zu der Zeit, in welcher die Bevormundung nöthig geworden ist, seinen Wohnsitz oder in Ermangelung eines solchen seinen Aufenthalt gehabt hat.

Für eine innerhalb der gesetzlichen Vormundschaft des Vaters erforderliche Thätigkeit des Vormundschaftsgerichts wird die Zuständigkeit durch den Wohnsitz oder in Ermangelung eines solchen durch deu Aufenthalt des Vaters bestimmt.

§. 3. Für die Vormundschaft über ein minderjähriges uneheliches Kind ist das Gericht zuständig, in dessen Bezirk die Mutter zur Zeit der Geburt des Kindes ihren Wohnsitz oder in Ermangelung eines solchen ihren Aufenthalt gehabt hat.

§. 4. Für die Vormundschaft über einen Großjährigen ist das Gericht zuständig, in dessen Bezirk derselbe seinen Wohnsitz oder in Ermangelung eines solchen seinen Aufenthalt hat.

§. 5. Fehlt es an einem der in den §§. 2—4 angeordneten Gerichtsstände, so ist das Gericht, in dessen Bezirk der Vater oder die uneheliche Mutter oder der zu bevormundende Großjährige den letzten Wohnsitz gehabt hat, und in Ermangelung eines solchen dasjenige Gericht zuständig, welches der Justizminister bestimmt.

§. 6. Für die Vormundschaft über einen Nichtpreußen wird die Zuständigkeit durch den Wohnsitz nach Maßgabe der §§. 2—4 bestimmt.

In Ermangelung eines Wohnsitzes in Preußen kann das Gericht des Aufenthalts vorläufige Maßregeln ergreifen. Dasselbe hat eine Vormundschaft einzuleiten, wenn der Heimathstaat die Sorge für den zu Bevormundenden nicht übernimmt.

Die Vormundschaft über einen Nichtpreußen ist auf Verlangen der Behörden des Heimathstaates an diese abzugeben.

§. 7. Minderjährige, deren Eltern unbekannt sind, werden von dem Gericht unter Vormundschaft gestellt, in dessen Bezirk sie gefunden wurden.

§. 8. Für die Pflegschaft eines Bevormundeten ist das Gericht der Vormundschaft zuständig.

Im Uebrigen finden für die Pflegschaft, sowie für die außerhalb einer Vormundschaft oder Pflegschaft erforderliche Thätigkeit des Vormundschaftsgerichts die Vorschriften der §§. 2—4, 6 entsprechende Anwendung. Sofern diese Vorschriften nicht anwendbar sind, ist das Gericht zuständig, in dessen Bezirk die Angelegenheiten wahrzunehmen sind, wegen deren die Thätigkeit des Vormundschaftsgerichts eintritt.

§. 9. Streitigkeiten über die Zuständigkeit mehrerer Vormundschaftsgerichte entscheidet endgültig das Appellationsgericht oder, wenn die Gerichte verschiedenen Appellationsgerichtsbezirken angehören, der Justizminister.

Das Vormundschaftsgericht kann die Vormundschaft oder die Pflegschaft aus erheblichen Gründen an ein anderes Vormundschaftsgericht abgeben, nach Bestellung des Vormundes oder des Pflegers jedoch nur mit dessen Zustimmung. Einigen sich die Gerichte nicht, so entscheidet nach Maßgabe der Vorschrift des ersten Absatzes das Appellationsgericht oder der Justizminister.

§. 10. Gegen die Anordnungen des Vormundschaftsgerichts findet Beschwerde statt. Die Entscheidung erfolgt, und zwar endgültig, in dem Bezirk des Appellationsgerichtshofs zu Cöln durch das Landgericht, in dem Bezirk des Appellationsgerichts zu Celle durch das Obergericht, in den übrigen Landestheilen durch das Appellationsgericht.

Die Beschwerde wird bei dem Vormundschaftsgericht oder bei dem Beschwerdegericht eingelegt.

Die Beschwerde an das Landgericht kann ohne Mitwirkung eines Anwalts eingereicht werden und ist in einer Civilkammer des Landgerichts durch Rathskammerbeschluß zu erledigen.

## Zweiter Abschnitt.

## Vormundschaft über Minderjährige.

### I. Einleitung der Vormundschaft.

§. 11. Minderjährige erhalten einen Vormund, wenn sie nicht unter väterlicher Gewalt stehen, wenn die väterliche Gewalt nach den Vorschriften des bürgerlichen Rechts ruht, oder wenn ihr Vater selbst bevormundet wird.

§. 12. Erlischt die väterliche Gewalt durch Verheirathung, durch getrennte Haushaltung oder durch Entlassung des Kindes, ohne daß dasselbe die Rechte eines Großjährigen erlangt, so wird der bisherige Gewalthaber gesetzlicher Vormund.

Ueber ein uneheliches Kind wird der Vater der unehelichen Mutter gesetzlicher Vormund, so lange das Vormundschaftsgericht nicht einen anderen Vormund bestellt.

§. 13. Ueber einen Mündel, welcher in eine unter Verwaltung des Staats oder einer Gemeindebehörde stehende Verpflegungsanstalt aufgenommen ist, hat bis zu dessen Großjährigkeit der Vorstand der Anstalt die Rechte und Pflichten eines gesetzlichen Vormundes, so lange das Vormundschaftsgericht nicht einen anderen Vormund bestellt.

§. 14. Ist ein gesetzlicher Vormund nicht vorhanden, so hat das Vormundschaftsgericht von Amtswegen die Vormundschaft einzuleiten.

§. 15. So lange ein Vormund nicht vorhanden oder der vorhandene Vormund bei dem Anfall eines Nachlasses an den Mündel abwesend ist, hat das Vormundschaftsgericht das Vermögen des Mündels sicher zu stellen.

Die gleiche Pflicht hat jedes Vormundschaftsgericht, in dessen Bezirk sich Vermögen des Mündels befindet.

Sind der Vater oder die Mutter des Mündels oder großjährige Miteigenthümer anwesend, so ist die Sicherstellung nicht erforderlich.

§. 16. Wird die Einleitung einer Vormundschaft nöthig, so sind die Mutter, die Stiefmutter und die großjährigen Geschwister, sowie derjenige, welcher den Mündel an Kindesstatt angenommen hat, verpflichtet, dem Vormundschaftsgericht unverzüglich Anzeige zu machen.

Eine gleiche Pflicht zur Anzeige haben die Standesbeamten, wenn ihnen ein Geburts- oder Sterbefall, welcher die Einleitung einer Vormundschaft nöthig macht, oder die Geburt eines unehelichen Kindes angemeldet wird.

Wird eine Bevormundung in Folge eines gerichtlichen Verfahrens nöthig, so ist das Gericht oder, wenn die Staatsanwaltschaft in dem Verfahren mitgewirkt hat, diese verpflichtet, das Vormundschaftsgericht zu benachrichtigen.

§. 17. Als Vormünder sind in nachstehender Reihenfolge berufen:

1) wer ohne die väterliche Gewalt zu erwerben, den Mündel an Kindesstatt angenommen hat;
2) wer von dem Vater in einem Testament oder in einer gerichtlich oder notariell beglaubigten oder eigenhändig geschriebenen und unterschriebenen Urkunde benannt ist, sofern der Vater zur Zeit seines Todes die väterliche Gewalt über den Mündel gehabt hat oder unter Voraussetzung der bereits erfolgten Geburt desselben gehabt haben würde, oder sofern der Vater bis zum Tode die Vormundschaft geführt hat;
3) die Mutter über ihre ehelichen, nicht an Kindesstatt hingegebenen Kinder;
4) wer von der Mutter in der unter Nr. 2. bestimmten Form benannt ist, sofern die Mutter bis zum Tode die Vormundschaft geführt hat;
5) der Großvater väterlicher Seits;
6) der Großvater mütterlicher Seits.

Die Mutter ist nicht berufen, wenn sie mit einem Anderen als dem Vater des Mündels verheirathet oder wenn die Ehe mit dem Vater des Mündels durch Urtheil getrennt ist.

Ist einer Ehefrau ein Vormund zu bestellen, so darf vor jedem nach diesem Paragraphen Berufenen der Ehemann bestellt werden.

§. 18. Wegen Uebergehung der nach §. 17. Berufenen ist die Beschwerde nur bis zum Ablauf von vier Wochen nach erhaltener Kenntniß von der Bestellung eines anderen Vormundes zulässig.

Sind Umstände eingetreten, welche die Bestellung des nach §. 17. Berufenen als nachtheilig für den Mündel erscheinen lassen, so kann das Vormundschaftsgericht den Berufenen mit dessen Zustimmung übergehen. Bei dessen Widerspruch ist die Entscheidung des Beschwerdegerichts einzuholen.

§. 19. Kann die Vormundschaft keinem der nach §. 17 Berufenen übertragen werden, so hat das Vormundschaftsgericht nach Anhörung des Waisenraths (§. 52) einen Vormund zu berufen und dabei geeignete Verwandte oder Verschwägerte des Mündels zunächst zu berücksichtigen.

Bei der Auswahl des Vormundes ist auf das religiöse Bekenntniß des Mündels Rücksicht zu nehemen.

Das Vormundschaftsgericht hat in der Regel für einen Mündel, sowie für mehrere Geschwister nur einen Vormund zu berufen.

§. 20. Jeder Preuße, welcher nicht gesetzlich unfähig oder zur Ablehnung berechtigt ist, muß die Vormundschaft, zu welcher er berufen ist, übernehmen.

Weigert sich der Berufene, so kann er von dem Vormundschaftsgerichte durch Ordnungsstrafen bis zum Betrage von je dreihundert Mark zur Uebernahme der Vormundschaft angehalten werden.

Mehrere Strafen sind nur in Zwischenräumen von mindestens einer Woche zu verhängen. Ist dreimal eine Strafe ohne Erfolg verhängt, so ist ein anderer Vormund zu bestellen.

§. 21. Unfähig zur Führung einer Vormundschaft sind:

1) Bevormundete oder Handlungsunfähige;
2) wer das einundzwanzigste Lebensjahr noch nicht zurückgelegt hat;
3) wer der bürgerlichen Ehrenrechte verlustig erklärt ist, nach Maßgabe des Strafgesetzbuchs;
4) Gemeinschuldner während der Dauer des Konkursverfahrens;
5) wer offenkundig einen unsittlichen Lebenswandel führt;
6) wer von dem Vater oder von der Mutter nach Maßgabe der in §. 17. für die Berufung eines Vormundes gegebenen Vorschriften ausgeschlossen worden ist;
7) weibliche Personen.

Nicht unfähig zur Führnng einer Vormundschaft sind jedoch die Mutter über ihre ehelichen, unehelichen oder angenommenen Kinder und die Großmutter, sofern sie nicht bei etwaiger Trennung der Ehe für den schuldigen Theil erklärt sind, sowie diejenigen weiblichen Personen, welche nach §. 17. Nr. 2. und 4. berufen sind.

Eine Frau, welche mit einem Andern, als dem Vater des Mündels verheirathet ist, darf nur mit Einwilligung des Ehemannes zum Vormund bestellt werden.

§. 22. Wer ein Staatsamt oder ein besoldetes Amt in der Kommunal- oder Kirchenverwaltung bekleidet, bedarf zur Führung einer von dem Vormundschaftsgericht eingeleiteten Vormundschaft der Genehmigung der zunächst vorgesetzten Behörde.

§. 23. Die Uebernahme einer Vormundschaft können ablehnen:

1) weibliche Personen;
2) wer das sechszigste Lebensjahr überschritten hat;
3) wer bereits mehr als eine Vormundschaft oder Pflegschaft führt;
4) wer an einer die ordnungsmäßige Führung der Vormundschaft hindernden Krankheit leidet;
5) wer nicht in dem Bezirk des Vormundschaftsgerichts seinen Wohnsitz hat;
6) wer nach Maßgabe des §. 58. zur Stellung einer Sicherheit angehalten wird;
7) wer fünf oder mehr minderjährige eheliche Kinder hat.

Die Führung einer Gegenvormundschaft steht im Sinne der Nr. 3 der Führung einer Vormundschaft oder Pflegschaft nicht gleich.

Das Ablehnungsrecht geht verloren, wenn es nicht bei dem Vormundschaftsgericht vor der Verpflichtung geltend gemacht wird.

§. 24. Der Vormund wird von dem Vormundschaftsgericht durch Verpflichtung auf treue und gewissenhafte Führung der Vormundschaft bestellt. Die Verpflichtung erfolgt mittelst Handschlags an Eidesstatt.

Der Vormund erhält eine Bestallung, aus welcher die Namen und die Geburtszeiten der Mündel, die Namen des Vormundes, des Gegenvormundes und der Mitvormünder, sowie die Art der etwaigen Theilung der Verwaltung ersichtlich sein müssen. Ist ein Familienrath bestellt, so ist auch dies anzugeben.

Eine Bestellung des gesetzlichen Vormundes findet nicht statt.

§. 25. Wird ein Handlungsunfähiger zum Vormund bestellt, so ist die Bestellung nichtig.

Ist der zum gesetzlichen Vormund Berufene bevormundet oder handlungsunfähig oder nicht im Besitz der bürgerlichen Ehrenrechte, so tritt die gesetzliche Vormundschaft nicht ein.

Stehen dem Vormund andere Unfähigkeitsgründe entgegen, oder fehlt es an der nach §. 22. erforderlichen Genehmigung, so führt er sein Amt, bis er entlassen wird.

§. 26. Neben dem Vormund kann ein Gegenvormund bestellt werden.

Ein Gegenvormund muß bestellt werden, wenn mit der Vormundschaft eine Vermögensverwaltung verbunden ist und nicht mehrere Vormünder zu ungetrennter Verwaltung bestellt sind.

Führen mehrere Vormünder die Verwaltung nach Geschäftszweigen getrennt, so kann der eine zum Gegenvormund des andern bestellt werden.

Neben dem gesetzlichen Vormund ist ein Gegenvormund nur zu bestellen, wenn dessen Anhörung nach Maßgabe des §. 55. erforderlich wird; die Bestellung erfolgt nur zum Zwecke der Prüfung der von dem Vormundschaftsgerichte zu genehmigenden Handlung.

Auf die Berufung und Bestellung des Gegenvormundes finden die für die Berufung und Bestellung des Vormundes geltenden Vorschriften entsprechende Anwendung.

Der Vater oder die Mutter können nach Maßgabe der in §. 17. für die Berufung eines Vormundes gegebenen Vorschriften die Bestellung eines Gegenvormundes untersagen.

## II. Führung der Vormundschaft.

§. 27 Dem Vormund liegt die Sorge für die Person und die Vermögensangelegenheiten des Mündels, sowie die erforderliche Vertretung desselben ob, soweit nicht für gewisse Angelegenheiten ein Pfleger bestellt ist.

§. 28. Der Mutter des Mündels steht dessen Erziehung unter der Aufsicht des Vormundes zu. Dieselbe kann ihr aus erheblichen Gründen nach Anhörung des Vormundes sowie des Waisenrathes durch das Vormundschaftsgericht entzogen werden.

Die bestehenden Vorschriften über die religiöse Erziehung der Kinder bleiben in Kraft.

§. 29. Der Mündel wird durch solche Rechtsgeschäfte berechtigt und verpflichtet, welche der Vormund ausdrücklich im Namen des Mündels oder unter Umständen abgeschlossen hat, welche ergeben, daß das Geschäft nach dem Willen der Betheiligten für den Mündel geschlossen werden sollte.

§. 30. Mehrere Vormünder verwalten gemeinschaftlich.

Bei Meinungsverschiedenheiten entscheidet die Mehrheit oder, wenn eine solche nicht erzielt wird, das Vormundschaftsgericht.

Ist unter mehreren Vormündern die Verwaltung getheilt, so verwaltet jeder die ihm zugetheilten Geschäfte selbstständig.

Andere Bestimmungen über die Verwaltung mehrerer Vormünder können durch den zur Berufung Berechtigten getroffen werden.

§. 31. Der Gegenvormund hat darauf zu achten, daß die Vermögensverwaltung des Vormundes oder des bei Verhinderung desselben eintretenden Pflegers ordnungsmäßig geführt wird. Er hat in den in diesem Gesetze bestimmten Fällen bei Führung der Vormundschaft mitzuwirken.

Er hat von etwaigen Pflichtwidrigkeiten oder der eintretenden Unfähigkeit des Vormundes dem Vormundschaftsgericht Anzeige zu machen.

§. 32. Der Vormund sowie der Gegenvormund haftet für die Sorgfalt, welche ein ordentlicher Hausvater auf seine eigenen Angelegenheiten verwendet.

Die Verantwortlichkeit des bestellten Vormundes beginnt mit dem Zeitpunkt der Bestellung.

Der Ehemann einer zum Vormund bestellten Frau haftet, wenn er nicht der Vater des Mündels ist, für die vormundschaftliche Verwaltung als Bürge.

Die Einrede der Theilung unter mehreren Verhafteten ist ausgeschlossen.

Die bestehenden Vorschriften, nach welchen dem Mündel ein persönliches Vorzugsrecht vor anderen Gläubigern des Vormundes zusteht, bleiben in Kraft.

Ein Pfandrecht oder ein Titel zum Pfandrecht an dem Vermögen des Vormundes entsteht durch die Vormundschaft nicht.

§. 33. Die Vormundschaft wird in der Regel unentgeltlich geführt.

Auslagen müssen dem Vormund und dem Gegenvormund aus dem Vermögen des Mündels erstattet werden.

Hat der Vormund oder der Gegenvormund Dienste geleistet, welche seinem Gewerbe oder Beruf angehören, so kann er die Bezahlung dieser Dienste aus dem Vermögen des Mündels fordern.

§. 34. Ein Honorar steht dem Vormund nur zu, soweit ihm ein solches von dem Erblasser des Mündels oder von dem Vormundschaftsgericht zugebilligt worden ist.

Das Vormundschaftsgericht darf dem Vormund ein Honorar nach Anhörung des Gegenvormundes und nur dann zubilligen, wenn die Vermögensverwaltung der Vormundschaft besonders umfangreich ist.

Dem Gegenvormund darf das Vormundschaftsgericht ein Honorar nicht zubilligen.

§. 35. Von dem bei Einleitung der Vormundschaft vorhandenen

oder später dem Mündel zugefallenen Vermögen hat der Vormund unter Zuziehung des etwa vorhandenen Gegenvormundes ein genaues und vollständiges Verzeichniß aufzunehmen und dem Vormundschaftsgericht mit der von ihm und dem Gegenvormund abzugebenden pflichtmäßigen Versicherung der Richigkeit und Vollständigkeit einzureichen.

Der Vater des Mündels ist als gesetzlicher Vormund von dieser Verpflichtung frei.

Hat ein Erblasser des Mündels in der §. 17. Nr. 3. bestimmten Form die Offenlegung des Verzeichnisses seines Nachlasses verboten, so ist dasselbe von dem Vormund nach Vorschrift des ersten Absatzes einzureichen und von dem Vormundschaftsgericht einzusiegeln, auf Verlangen des Vormundes in dessen Gegenwart. Das Vormundschaftsgericht darf nur aus besonderen Gründen, über welche der Vormund zu hören ist, von dem Inhdlte dieses Verzeichnisses Kenntniß nehmen.

§. 36. Hat ein Erblasser des Mündels über die Verwaltung oder die Veräußerung der zu seinem Nachlasse gehörigen Gegenstände Bestimmungen für den Vormund getroffen, so sind diese zu befolgen. Eine Abweichung von diesen Bestimmungen ist mit Genehmigung des Vormundschaftsgerichts gestattet, wenn Umstände eingetreten sind, welche die Befolgung als nachtheilig für den Mündel erscheinen lassen.

§. 37. Die Kosten der Erziehung des Mündels hat der Vormund aus den Einkünften desselben zu bestreiten. Reichen die Einkünfte nicht aus, so kann das Stammvermögen angegriffen werden.

§. 38. Der Vormund kann Schenkungen für den Mündel nicht vornehmen. Jedoch sind Geschenke zulässig, welche üblich sind oder durch die Vermögensverwaltung begründet werden.

§. 39. Gelder, welche zu laufenden oder zu anderen durch die Vermögensverwaltung begründeten Ausgaben nicht erforderlich sind, hat der Vormund im Einverständnisse mit dem Gegenvormund in Schuldverschreibungen, welche von dem Deutschen Reiche oder von einem Deutschen Bundesstaate mit gesetzlicher Ermächtigung ausgestellt sind, oder in Schuldverschreibungen, deren Verzinsung von dem Deutschen Reiche oder von einem Deutschen Bundesstaate gesetzlich garantirt ist, oder in Rentenbriefen der zur Vermittelung der Ablösung von Renten in Preußen bestehenden Rentenbanken, oder in Schuldverschreibungen, welche von Deutschen kommunalen Korporationen (Provinzen, Kreisen, Gemeinden 2c.). oder von deren Kreditanstalten ausgestellt und entweder Seitens der Inhaber kündbar sind, oder einer regelmäßigen Amortisation unterliegen, oder auf sichere Hypotheken oder Grundschulden, zinsbar anzulegen.

Gelder, welche in dieser Weise nach den obwaltenden Umständen nicht angelegt werden können, sind bei der Reichsbank oder bei öffentlichen, obrigkeitlich bestätigten Sparkassen zinsbar zu belegen.

Eine Hypothek oder Grundschuld ist für sicher zu erachten, wenn sie bei ländlichen Grundstücken innerhalb der ersten zwei Drittheile des durch ritterschaftliche, landschaftliche, gerichtliche oder Steuertaxe, bei städtischen innerhalb der ersten Hälfte des durch Taxe einer öffentlichen Feuerversicherungs-Gesellschaft oder durch gerichtliche Taxe zu ermittelnden Werthes, oder wenn sie innerhalb des fünfzehnfachen Betrages des Grundsteuerreinertrages der Liegenschaft zu stehen kommt.

Sicheren Hypotheken stehen im Sinne dieser Vorschriften die mit staatlicher Genehmigung ausgegebenen Pfandbriefe und gleichartigen Schuldverschreibungen solcher Kreditinstitute gleich, welche durch Vereinigung von Grundbesitzern gebildet, mit Korporationsrechten versehen sind und nach ihren Statuten die Beleihung von Grundstücken auf die im dritten Absatz angegebenen Theile des Werthes derselben zu beschränken haben.

Versäumt oder verzögert der Vormund die Anlegung von Geldern, so muß er die anzulegende Summe mit sechs vom Hundert jährlich verzinsen.

§. 40. Der Vormund darf Vermögensgegenstände des Mündels nicht in seinem Nutzen verwenden. Er hat das trotzdem in seinem Nutzen verwendete Geld von der Verwendung an zu verzinsen. Den Zinsfuß bestimmt das Vormundschaftsgericht nach seinem Ermessen auf acht bis zwanzig vom Hundert.

Eine Hypothek oder Grundschuld, welche auf einem Grundstücke des Vormundes haftet, darf derselbe für den Mündel nicht erwerben.

§. 41. Der Genehmigung des Gegenvormundes bedarf es:

1) zur Veräußerung von Werthpapieren,
2) zur Einziehung, Abtretung oder Verpfändung von Kapitalien, sofern dieselben nicht bei Sparkassen belegt sind,
3) zur Aufgabe oder Minderung der für eine Forderung bestellten Sicherheit.

Die Genehmigung des Gegenvormundes kann durch die Genehmigung des Vormundschaftsgerichts ersetzt werden.

§. 42. Der Genehmigung des Vormundschaftsgerichts bedarf es:

1) zur Entlassung des Mündels aus der Preußischen Staatsangehörigkeit;

2) zur Annahme des Mündels an Kindesstatt;
3) zum Eintritt des Mündels in eine Einkindschaft;
4) zur Erbauseinandersetzung, sofern dieselbe nicht durch Erkenntniß festgesetzt wird;
5) zur Veräußerung oder Belastung unbeweglicher Sachen, soweit dieselbe nicht im Zwangsverfahren gegen den Mündel erfolgt;
6) zum Erwerb von unbeweglichen Sachen durch lästigen Vertrag;
7) zur Verpachtung oder Vermiethung unbeweglicher Sachen, wenn der Vertrag über das Alter der Großjährigkeit hinaus gelten soll, sowie zur Verpachtung von Grundstücken, die zu einem Grundsteuerreinertrag von dreitausend Mark oder mehr eingeschätzt sind;
8) zur Abschließung von Vergleichen, wenn deren Gegenstand unschätzbar ist oder die Summe von dreihundert Mark übersteigt;
9) zur Veränderung oder Auflösung, sowie zur Neubegründung oder Uebernahme eines Erwerbsgeschäfts;
10) zur Eingehung wechselmäßiger Verbindlichkeiten;
11) zur Ertheilung einer Prokura;
12) zur Aufnahme von Darlehen;
13) zur Uebernahme fremder Verbindlichkeiten;
14) zur Entsagung einer Erbschaft oder eines Vermächtnisses.

§. 43. Ob die Auseinandersetzung über einen dem Mündel angefallenen Nachlaß mit dessen Miterben von dem Vormund herbeizuführen sei, hat dieser zu ermessen.

Die Erbauseinandersetzung kann vor Gericht, vor einem Notar oder mittelst Privatschrift erfolgen.

Im Bezirk des Appellationsgerichtshofes zu Cöln erhält die Erbauseinandersetzung durch die Genehmigung des Vormundschaftsgerichts dieselbe Gültigkeit, als wäre sie nur von großjährigen Personen vorgenommen worden.

Der Erbauseinandersetzung steht die Theilung gütergemeinschaftlichen Vermögens zwischen dem Ehegatten und den Erben des Verstorbenen gleich.

Die in Artikel 2109. des Rheinischen Civilgesetzbuchs bestimmte Frist beginnt von dem Tage der richterlichen Genehmigung der Erbauseinandersetzung.

§. 44. Die Art der Veräußerung einer unbeweglichen Sache wird unbeschadet der Rechte der Miteigenthümer von dem Vormundschaftsgericht bestimmt. Die Veräußerung kann durch gerichtliche und notarielle Versteigerung oder aus freier Hand erfolgen.

Erfolgt die Veräußerung durch notarielle Versteigerung, so finden in dem Geltungsbereiche des Gesetzes vom 18. April 1855. (Gesetz-Samml. S. 521.) die Vorschriften desselben über die Versteigerung durch einen Notar mit der Maßgabe Anwendung, daß die der Rathskammer oder dem Präsidenten des Landgerichts zugewiesene Thätigkeit von dem Vormundschaftsgericht auszuüben ist. Das Vormundschaftsgericht bestimmt nach freiem Ermessen, in welcher Art die Versteigerung bekannt zu machen ist.

§. 45. Zur Eingehung von wechselmäßigen Verbindlichkeiten darf eine allgemeine Genehmigung ertheilt werden, wenn sie durch die vormundschaftliche Vermögensverwaltung erforderlich wird.

§. 46. Ein ohne die nach §§. 41. 42. erforderliche Genehmigung abgeschlossenes Rechtsgeschäft hat nur dieselbe Wirksamkeit, wie ein von einem Mündel, welcher sich mit Genehmigung des Vormundes verpflichten kann, ohne Genehmigung des Vormundes abgeschlossenes Rechtsgeschäft.

§. 47. Der Vater des Mündels ist berechtigt in der §. 17 Nr. 2. bestimmten Form den von ihm benannten Vormund von der Nothwendigkeit der Genehmigung des Gegenvormundes oder des Vormundschaftsgerichts zu den §. 41. §. 42. Nr. 4 — 14. und §. 44 bezeichneten Handlungen zu befreien.

Im Falle solcher Befreiung ist in der Bestallung die allgemeine Ermächtigung zur Vornahme der bezeichneten Handlungen zu ertheilen. Die Befreiung wird erst durch diese Ermächtigung wirksam.

§. 48. Die bestehenden Vorschriften über das Erforderniß der Einwilligung des Vormundes, des Vormundschaftsgerichts und des Familienraths zur Eheschließung des Mündels und über die Wirkungen des Mangels dieser Einwilligung bleiben mit der Maßgabe in Kraft, daß in dem Bezirk des Appellationsgerichtshofes zu Cöln die dem Familienrath zugewiesene Thätigkeit von dem Vormundschaftsgericht auszuüben ist.

§. 49. Durch die Genehmigung eines Geschäfts Seitens des Gegenvormundes wird der Vormund, durch die Genehmigung Seitens des Vormundschaftsgerichts werden der Vormund und der Gegenvormund von ihrer Haftpflicht dem Mündel gegenüber nicht befreit.

§. 50. Der Mündel wird der Rechtswohlthat des Nachlaßverzeichnisses bei einer ihm angefallenen Erbschaft durch Handlungen oder Unterlassungen des Vormundes nicht verlustig.

### III. Beaufsichtigung drr Vormnndschaft.

§. 51. Das Vormundschaftsgericht hat über die gesammte Thätigkeit des Vormundes und des Gegenvormundes die Aufsicht zu führen.

Das Vormundschaftsgericht ist befugt, gegen den Vormund und den Gegenvormund Ordnungsstrafen zu verhängen. Eine Ordnungsstrafe darf den Betrag von dreihundert Mark nicht übersteigen.

§. 52. Dem Vormundschaftsgericht sind für jede Gemeinde oder für örtlich abzugrenzende Gemeindetheile ein oder mehrere Gemeindeglieder als Waisenräthe zur Seite zu setzen.

Für benachbarte Gemeindebezirke können dieselben Personen zu Waisenräthen bestellt werden.

Das Amt eines Waisenraths ist ein unentgeltliches Gemeindeamt.

Durch Beschluß der Gemeindebehörde kann das Amt des Waisenraths besonderen Abtheilungen der Gemeindeverwaltung übertragen oder mit schon bestehenden Organen der Gemeindeverwaltung verbunden werden.

Auf selbständige Gutsbezirke finden die vorstehenden Bestimmungen mit der Maßgabe entsprechende Anwendung, daß die Waisenräthe von dem Gutsvorsteher ernannt werden.

§. 53. Der Waisenrath hat die Aufsicht über das persönliche Wohl des Mündels und über dessen Erziehung zu führen, insbesondere Mängel oder Pflichtwidrigkeiten, welche er bei der körperlichen oder sittlichen Erziehung des Mündels wahrnimmt, anzuzeigen, auch auf Erfordern über die Person des Mündels Auskunft zu ertheilen.

Er hat diejenigen Personen vorzuschlagen, welche im einzelnen Falle zur Berufung als Vormund oder Gegenvormund geignet erscheinen.

§. 54. Das Vormundschaftsgericht hat dem Waisenrath des Bezirks, in welchem der Mündel wohnt, von der einzuleitenden Vormundschaft, sowie in den Fällen des zweiten Absatzes §. 12 und des §. 13 von der gesetzlichen Vormundschaft Kenntniß zu geben und den Vormund namhaft zu machen.

Von einer Verlegung der Wohnung des Mündels in eine andere Gemeinde oder einen anderen Bezirk hat der Vormund den Waisenrath zu benachrichtigen. Dieser hat dem Waisenrath des neuen Aufenthaltsortes Kenntniß zu geben.

§. 55. Das Vormundschaftsgericht hat vor einer von ihm zu treffenden Anordnung auf Antrag des Vormundes oder des Gegenvormundes oder eines Verwandten oder Verschwägerten des Mündels drei von den näheren Verwandten oder Verschwägerten desselben, sofern sie ohne Verzug erreichbar sind, gutachtlich zu hören. Es steht ihm frei, auch ohne Antrag Verwandte oder Verschwägerte des Mündels gutachtlich zu hören.

Das Vormundschaftsgericht hat vor der Entscheidung über die zu einer Handlung des Vormundes erforderliche Genehmigung den Gegenvormund zu hören.

Das Vormundschaftsgericht hat vor der Entscheidung über die Veräußerung einer unbeweglichen Sache oder die Auflösung eines Erwerbsgeschäfts den Mündel, welcher das achtzehnte Lebensjahr zurückgelegt hat, zu hören.

Die Wirksamkeit der Anordnungen des Vormundschaftsgerichts ist von der Anhörung der bezeichneten Personen nicht abhängig.

§. 56. Das Vormundschaftsgericht hat jährlich von dem Vormund Rechnungslegung über die Vermögensverwaltung zu fordern. Bei Verwaltungen von geringerem Umfange kann, wenn die Rechnung des ersten Jahres gelegt ist, der Termin für die folgenden auf zwei bis drei Jahre bestimmt werden.

Mehrere zu ungetrennter Verwaltung bestellte Vormünder legen die Rechnung gemeinschaftlich.

Der Rechnung sind ein Vorbericht über den Ab- und Zugang des Vermögens und die Beläge beizufügen. Unter der Rechnung hat der Vormund zu versichern, daß er alle Einnahmen verrechnet habe und außer den in der Rechnung aufgeführten vormundschaftlichen Vermögensstücken andere nicht verwahre.

Die Rechnung ist vor der Einreichung dem Gegenvormund unter Nachweisung des Vermögensbestandes vorzulegen und von diesem mit seinen Bemerkungen zu versehen.

Das Vormundschaftsgericht hat die Rechnung sachlich und nach den Belägen zu prüfen, nach Erledigung der Erinnerungen dem Vormund die Beläge mit einem Vermerke des erfolgten Gebrauchs zurückzugeben, und auf Verlangen Abschrift der Rechnung zu ertheilen.

§. 57. Der Vater, die Mutter, der Ehemann und die Großeltern des Mündels sind von der Rechnungslegung während der Verwaltung frei. Der Vater und die Mutter sind berechtigt, in der §. 17. Nr. 2. bestimmten Form den von ihnen benannten Vormund von der Rechnungslegung während der Verwaltung zu befreien.

In Fällen, in denen keine Rechnungslegung stattfindet, hat der Vormund auf Erfordern des Vermundschaftsgerichts alle zwei Jahre oder in längeren Zwischenräumen eine Uebersicht des Vermögensbestandes einzureichen, welche vorher dem Gegenvormund unter Nachweisung des Bestandes vorzulegen und von diesen mit seinen Bemerkungen zu versehen ist. Der Vater des Mündels ist von dieser Verpflichtung frei.

Das Verbot der Offenlegung des Vermögensverzeichnisses ist rücksichtlich des davon betroffenen Vermögens als Befreiung von der Rechnungslegung und der Einreichung der Vermögensübersicht zu erachten.

§. 58. Vormünder, welche für den Mündel ein erhebliches Vermögen zu verwalten haben, können von dem Vormundschaftsgerichte zur Stellung einer Sicherheit angehalten werden. Die Art und der Umfang der Sicherheit wird nach richterlichem Ermessen bestimmt; sie kann jederzeit erhöhet, gemindert oder erlassen werden.

Kosten, welche aus der Stellung der Sicherheit erwachsen, sind aus dem Vermögen des Mündels zu entrichten.

§. 59. Der Vater, sowie die Muttter des Mündels sind berechtigt, in der §. 17. Nr. 2. bestimmten Form den von ihnen benannten Vormund von der Pflicht zur Sicherheitsstellung zu befreien.

Die Befreiung fällt weg, wenn Umstände eingetreten sind, welche nach dem Ermessen des Vormundschaftsgerichts eine Sicherheitsstellung nothwendig machen.

Der Vater, die Mutter, der Ehemann und die Großeltern als Vormünder und der Gegenvormund sind von der Pflicht zur Sicherheitsstellung frei.

§. 60. Das Vormundschaftsgericht kann anordnen, daß Werthpapiere des Mündels, welche auf den Inhaber lauten oder an den Inhaber gezahlt werden können, und Kostbarkeiten bei der Reichsbank oder bei einer anderen dazu bestimmten Behörde oder Kasse in Verwahrung genommen oder daß jene Werthpapiere außer Kurs gesetzt werden.

Diese Anordnungen finden gegen den Vater des Mündels als Vormund nicht statt. Sie finden gegen den von dem Vater benannten Vormund nicht statt, wenn sie von dem Vater in der §. 17. Nr. 2. bestimmten Form ausgeschlossen sind.

Das Vormundschaftsgericht muß die Verwahrung eintreten lassen, wenn der bestellte Vormund sie beantragt.

## IV. Beendigung der Vormundschaft.

§. 61. Die Vormundschaft hört auf, wenn der Mündel die Großjährigkeit erreicht, wenn er für großjährig erklärt wird, wenn er in väterliche Gewalt tritt, und wenn das Ruhen der väterlichen Gewalt oder die Bevormundung des Vaters aufhört.

Die Großjährigkeitserklärung eines Mündels ist zulässig, wenn derselbe das achtzehnte Lebensjahr zurückgelegt hat. Sie erfolgt mit Einwilligung des Mündels durch das Vormundschaftsgericht nach geführter Sachuntersuchung. Verwandte sowie Verschwägerte des Mündels sind nach Maßgabe des §. 55. zu hören.

§. 62. Wird der Vormund oder der Gegenvormund handlungsunfähig, so erlischt das Amt desselben.

Mit der Aufnahme des Mündels in eine Verpflegungsanstalt, deren Vorstand nach §. 13. die Rechte eines gesetzlichen Vormundes erlangt, erlischt das Amt des bisherigen Vormundes.

§. 63. Der Vormund oder der Gegenvormund, welcher sich pflichtwidrig erweist, ist von dem Vormundschaftsgerichte zu entsetzen.

Der Vormund oder der Gegenvormund, welcher sich als gesetzlich unfähig erweist oder aus erheblichen Gründen seine Entlassung beantragt, oder welchem die zur Führung der Vormundschaft nach §. 22. erforderliche Genehmigung nicht ertheilt oder entzogen wird, ist von dem Vormundschaftsgericht zu entlassen. Als erhebliche Gründe sind namentlich anzusehen die in §. 23. Nr. 4—7. angeführten Umstände, wenn sie im Laufe der Vormundschaft eintreten.

Diese Vorschriften finden auch auf den gesetzlichen Vormund Anwendung.

Die Beschwerde gegen die erfolgte Entsetzung oder Entlassung ist nur bis zum Ablauf von vier Wochen nach Zustellung der Entscheidung zulässig.

§. 64. Verheirathet sich eine zum Vormunde bestellte Frau, so hat das Vormundschaftsgericht zu entscheiden, ob sie zu entlassen sei. Verwandte sowie Verschwägerte des Mündels sind vorher nach Maßgabe des §. 55. zu hören. Die Beibehaltung ist nur mit Einwilligung des Ehemannes zulässig.

§. 65. Stirbt der Vormund oder der Gegenvormund, so sind der Ueberlebende und die Erben verpflichtet, dem Vormundschaftsgerichte Anzeige zu machen. Die Erben haben für Sicherstellung der in dem Nachlasse befindlichen Vermögensstücke des Mündels zu sorgen.

Sind mehrere Vormünder bestellt, so wird durch den Abgang eines Vormundes das vormundschaftliche Amt der übrigen nicht aufgehoben.

§. 66. Der Vormund sowie der Gegenvormund hat nach Beendigung seines Amtes die Bestallung an das Gericht zurückzugeben.

§. 67. Der Vormund hat nach Beendigung seines Amtes dem bisherigen Mündel oder dessen Rechtsnachfolger oder dem neu bestellten Vormund das verwaltete Vermögen herauszugeben und binnen zwei Monaten Schlußrechnung zu legen.

Der Gegenvormund hat die Schlußrechnung mit seinen Bemerkungen zu versehen und über die von ihm geführte Gegenvormundschaft, sowie über das von dem Vormund verwaltete Vermögen jede erforderte Auskunft zu geben.

Die Schlußrechnung ist dem Vormundschaftsgerichte einzureichen. Dieses hat dieselbe dem bisherigen Mündel oder dessen Rechtsnachfolger oder dem neu bestellten Vormund zur Erklärung vorzulegen und, wenn Ausstellungen nicht gemacht werden, die Entlastung herbeizuführen.

Die Pflicht zur Legung der Schlußrechnung geht auf den Verwalter im Konkursverfahren und auf die Erben des Vormundes über. Die zweimonatliche Frist beginnt für die Erben vom Todestage des Vormundes, oder, wenn ihnen eine Ueberlegungsfrist zusteht, vom Ablauf der letzteren.

§. 68. Von der Pflicht, Schlußrechnung zu legen, kann der Vormund von den Eltern oder dem Erblasser des Mündels nicht befreit werden.

§. 69. Der bisherige Mündel, dessen Rechtsnachfolger und der neu bestellte Vormund sind berechtigt, behufs Prüfung der Schlußrechnung die Vormundschaftsakten einzusehen.

Dieselben sind verpflichtet, dem Vormund und dem Gegenvormund über treu und richtig geführte Vormundschaft und über Ausantwortung des Vermögens Quittung und Entlastung zu ertheilen.

Die Quittung und Entlastung ist wegen einzelner Ausstellungen nicht zu verweigern. Wegen dieser darf ein Vorbehalt gemacht werden. Im Falle schriftlicher Beurkundung ist der Vorbehalt, um wirksam zu sein, in die Urkunde aufzunehmen.

Die Anerkennung der Rechnung schließt den Beweis eines Irrthums oder eines Betrugs in der Rechnung nicht aus.

§. 70. Die von dem Vormund gestellte Sicherheit ist zurückzugeben und die Löschung der Sicherheitshypothek zu bewilligen, sobald dem Vormund Quittung und Entlastung ertheilt worden ist. Ist bei der Quittung und Entlastung ein Vorbehalt gemacht, so hat das Vormundschaftsgericht zu entscheiden, ob und wie viel von der Sicherheit zurückzubehalten oder von der Hypothek bestehen zu lassen sei.

## V. Familienrath.

§. 71. Ein Familienrath ist zu bilden:

1) wenn der Vater oder die Mutter des Mündels nach Maßgabe der in §. 17. für die Berufung eines Vormundes gegebenen Vorschriften die Bildung angeordnet hat,
2) wenn drei Personen, welche mit dem Mündel bis zum dritten Grade verwandt oder verschwägert sind, die Bildung beantragen,
3) wenn der Vormund oder der Gegenvormund die Bildung beantragen.

Die Bildung eines Familienraths unterbleibt, wenn sie von dem Vater oder der Mutter nach Maßgabe der Vorschriften des §. 17. untersagt ist.

Zum Eintritt in den Familienrath kann Niemand gezwungen werden.

§. 72. Der Familienrath wird aus dem Vormundschaftsrichter als Vorsitzendem und aus Verwandten oder Verschwägerten des Mündels als Mitgliedern gebildet. Andere Personen können in denselben berufen werden:

1) durch den Vater oder die Mutter nach Maßgabe der Vorschriften des §. 17..
2) durch Beschluß eines bestehenden Familienraths.

Nur männliche Personen, welche zur Führung der Vormundschaft gesetzlich fähig sind, können Mitglieder des Familienraths werden. Die Gültigkeit der Bestellung gesetzlich unfähiger Mitglieder ist nach den Vorschriften der §§. 25. 62. zu beurtheilen.

Der Gegenvormund kann zugleich Mitglied des Familienraths sein.

Die Zahl der Mitglieder beträgt höchstens sechs.

§. 73. Soweit die Mitglieder des Familienraths nicht durch den Vater oder die Mutter berufen sind, oder die von diesen Berufenen nicht eintreten oder Mitglieder ausscheiden, erfolgt die Berufung der Mitglieder bis zur Herstellung der Beschlußfähigkeit durch den Vormundschaftsrichter nach Anhörung von Verwandten und Verschwägerten des Mündels, sofern dieselbe ohne Verzug geschehen kann.

Darüber, ob und welche Personen außerdem zu berufen sind, beschließt der Familienrath.

§. 74. Die Mitglieder des Familienraths werden von dem Vormundschaftsrichter durch Verpflichtung auf treue und gewissenhafte

Führung ihres Amtes bestellt. Die Verpflichtung erfolgt mittelst Handschlags an Eidesstatt.

§. 75. Der Familienrath hat die Rechte und Pflichten des Vormundschaftsgerichts.

§. 76. Der Familienrath ist nur bei Anwesenheit des Vormundschaftsrichters und mindestens zweier Mitglieder beschlußfähig.

Sind außer dem Vorsitzenden nur zwei Mitglieder vorhanden, so hat der Familienrath ein oder zwei Ersatzmitglieder zu berufen und die Reihenfolge zu bestimmen, in welcher dieselben bei etwaiger Beschlußunfähigkeit einzutreten haben.

§. 77. Der Familienrath wird durch den Vormundschaftsrichter auf den Antrag zweier Mitglieder, des Vormundes oder des Gegenvormundes oder von Amtswegen zusammengerufen.

Alle Mitglieder sind mündlich oder schriftlich durch den Vormundschaftsrichter einzuladen.

Der Familienrath faßt seine Beschlüsse nach der Mehrheit der Stimmen der Anwesenden. Bei Stimmengleichheit giebt die Stimme des Vormundschaftsrichters den Ausschlag.

§. 78. Zum Nachweise eines gültigen Beschlusses genügt die Unterschrift des Vormundschaftsrichters.

Der Vormund kann verlangen, daß ihm die Beschlüsse des Familienraths schriftlich zugehen.

Gegen die Beschlüsse des Familienraths findet Beschwerde nach Maßgabe des §. 10. statt.

Wird ein sofortiges Einschreiten erforderlich, so hat der Vormundschaftsrichter die nöthigen Anordnungen zu treffen und unverzüglich den Familienrath zusammen zu berufen, um diesen von der getroffenen Verfügung in Kenntniß zu setzen und über die weiter zu ergreifenden Maßregeln einen Beschluß herbeizuführen.

§. 79. Die Mitglieder des Familienraths können aus denselben Gründen wie ein Vormund durch das Beschwerdegericht entsetzt oder entlassen werden.

Gegen Mitglieder des Familienraths, welche ohne genügende Entschuldigung ausbleiben, kann der Vormundschaftsrichter eine Ordnungsstrafe bis zu hundert Mark verhängen.

Gegen die Verhängung der Ordnungsstrafe findet Beschwerde nach Maßgabe des §. 10. statt.

§. 80. Fehlt es an der erforderlichen Anzahl von geeigneten Personen zur Bildung oder Ergänzung des Familienraths, so ist die

Vormundschaft nach den Vorschriften dieses Abschnitts I.—IV. zu behandeln.

Von der Auflösung des Familienraths sind die bisherigen Mitglieder, der Vormund und der Gegenvormund durch den Vormundschaftsrichter in Kenntniß zu setzen.

Auch ist dem Vormund und dem Gegenvormund eine neue Bestallung zu ertheilen, die frühere aber zurückzugeben.

## Dritter Abschnitt.

## Vormundschaft über Großjährige.

§. 81. Großjährige erhalten einen Vormund:

1) wenn sie für geisteskrank erklärt sind;
2) wenn sie für Verschwender erklärt sind;
3) wenn sie taub, stumm oder blind und hierdurch an Besorgung ihrer Rechtsangelegenheiten gehindert sind.

§. 82. Abwesende Großjährige, über deren Aufenthalt ein Jahr lang keine Nachricht eingegangen ist, oder welche an ihrer Rückkehr, sowie an der Besorgung ihrer Vermögensangelegenheiten gehindert sind, erhalten einen Vormund zur Vertretung bei ihren Vermögensangelegenheiten, insoweit sie dazu einen Bevollmächtigten nicht bestellt haben oder Umstände eingetreten sind, welche die ertheilte Vollmacht aufheben oder deren Widerruf zu veranlassen geeignet sind.

Aus dringenden Gründen kann demjenigen, dessen Aufenthaltsort unbekannt ist, auch vor Ablauf eines Jahres ein Vormund bestellt werden.

Jeder, welcher dem Vormundschaftsgericht ein Interesse zur Sache nachweist, ist berechtigt, die Einleitung der Vormundschaft zu beantragen.

Die nach dem geltenden Rechte bestehenden Ansprüche der Erben auf die Verwaltung und Nutznießung des Vermögens eines Abwesenden werden durch dieses Gesetz nicht berührt.

§. 83. Der Vater ist gesetzlicher Vormund. In den Fällen des §. 81. Nr. 3. und des §. 82. beginnt sein Amt, sobald das Vormundschaftsgericht den Grund zur Bevormundung festgestellt hat.

Die Ehefrau ist zur Führung der Vormundschaft fähig und hat die in diesem Gesetze dem Ehemann beigelegten Rechte.

Im Uebrigen finden auf die Vormundschaft über Großjährige die Vorschriften des zweiten Abschnittes dieses Gesetzes entsprechende Anwendung. Insbesondere ist auch der Vormund eines Abwesenden berechtigt, für denselben zu erwerben, Rechtsstreite zu führen und nach Maßgabe des §. 50. Erbschaften anzutreten.

Dem Vormund eines Abwesenden oder Verschwenders kann auch bei nicht umfangreicher Vermögensverwaltung ein Honorar zugebilligt werden.

§. 84. Die Vormundschaft über einen Großjährigen hört auf, wenn der Grund zu deren Einleitung gehoben ist, die über einen Abwesenden namentlich auch, wenn derselbe für todt, für verschollen oder im Bezirk des Appellationsgerichtshofes zu Cöln für abwesend erklärt worden ist.

§. 85. Die Einleitung und die Aufhebung der Vormundschaft über einen Verschwender ist von dem Vormundschaftsgericht öffentlich bekannt zu machen.

## Vierter Abschnitt.

## Pflegschaft.

§. 86. Die in väterlicher Gewalt oder unter Vormundschaft stehenden Personen erhalten einen Pfleger für Angelegenheiten, bei welchen die Ausübung der väterlichen oder vormundschaftlichen Rechte erforderlich ist, aber aus thatsächlichen oder rechtlichen Gründen nicht stattfinden kann.

Bei einem Widerstreit erheblicher Interessen mehrerer Mündel desselben Vormundes erhält jeder Mündel einen Pfleger.

§. 87. Wird bei Zuwendungen an eine in väterlicher Gewalt oder unter Vormundschaft stehende Person durch Anordnung desjenigen, welcher die Zuwendung gemacht hat, eine Pflegschaft nöthig, so ist der bei der Zuwendung Benannte zum Pfleger berufen.

Von der Rechnungslegung während der Dauer der Pflegschaft, von der Sicherheitsstellung und von der Nothwendigkeit der Genehmigung des Gegenvormundes oder des Vormundschaftsgerichts zu gewissen Handlungen kann der Pfleger bei der Zuwendung befreit werden.

§. 88. Eine Leibesfrucht, welche unter Voraussetzung ihrer bereits erfolgten Geburt nicht unter väterlicher Gewalt stehen würde, erhält auf Antrag der Schwangeren, oder auf Antrag desjenigen, dessen Rechte durch eine mögliche Geburt betroffen werden, oder in geeigneten Fällen von Amtswegen einen Pfleger.

§. 89. Ist der Erbe eines Nachlasses unbekannt, so ist zur Erhaltung des Nachlasses und zur Ausmittelung des Erben ein Pfleger zu bestellen.

Die in den einzelnen Landestheilen bestehenden weiteren Befugnisse dieses Pflegers werden durch dieses Gesetz nicht berührt.

Auch bei nicht umfangreicher Vermögensverwaltung kann diesem Pfleger ein Honorar zugebilligt werden.

§. 90. Außer in den Fällen der §§. 86—89. können Personen, welche selbst zu handeln außer Stande sind und der väterlichen oder vormundschaftlichen Vertretung entbehren, für einzelne Angelegenheiten oder für einen bestimmten Kreis von Angelegenheiten einen Pfleger erhalten.

§. 91. Auf die Pflegschaft finden die Vorschriften dieses Gesetzes über die Vormundschaft entsprechende Anwendung; die Bestellung eines Gegenvormundes ist nicht erforderlich.

Die Pflegschaft hört auf, wenn der Grund zu deren Einleitung gehoben ist.

### Fünfter Abschnitt.

## Schlußbestimmungen.

§. 92. Dieses Gesetz tritt am 1. Januar 1876. in Kraft und findet auch auf die schwebenden Vormundschaften oder Pflegschaften Anwendung, soweit nicht in den nachstehenden Paragraphen etwas Anderes bestimmt ist.

Die vormundschaftliche Thätigkeit der Familienräthe im Bezirk des Appellationsgerichtshofes zu Cöln, der Voluntairgerichte im Bezirk des Justizsenats zu Ehrenbreitstein, der Waisengerichte in den Hohenzollernschen Landen und der Kirchspielsgerichte des Landes Hadeln hört auf.

§. 93. Die bisherigen Vormünder oder Pfleger verbleiben in ihrem Amte; sie können jedoch vom Vormundschaftsgerichte in der Zeit bis zum 1. Januar 1878. entlassen werden, wenn sie zur Führung der Vormundschaft oder Pflegschaft ungeeignet erscheinen, und weder nach Maßgabe der §§. 17. 87. als berufen zu erachten, noch nach Maßgabe der §§. 12. 83. gesetzliche Vormünder sind.

§. 94. Sind einem bisher bestellten oder berufenen Vormund oder Pfleger durch Verfügung der Eltern oder der Erblasser des Mündels nach dem bisherigen Rechte zulässigerweise größere Befugnisse eingeräumt, als dieses Gesetz zuläßt, so bleiben diese Befugnisse bestehen.

§. 95. Die Befugnisse, welche Eltern oder Ehegatten Kraft gesetzlicher Nutznießung am Vermögen der Kinder oder kraft ehelichen Güterrechts zustehen, werden von diesem Gesetze nicht berührt.

Im Bezirk des Appellationsgerichtshofes zu Cöln hat der Vater nach dem Tode der Mutter die Rechte und Pflichten des gesetzlichen Vormundes. Schreitet der Vater zur ferneren Ehe, so ist das Vermögen des Kindes unter Mitwirkung eines Pflegers durch ein von dem Vater dem Vormundschaftsgericht einzureichendes Verzeichniß festzustellen.

Die in den übrigen Landestheilen bestehenden Vorschriften, welche vor oder nach der Eheschließung eine Nachweisung, Auseinandersetzung oder Sicherstellung des Vermögens erfordern, bleiben in Kraft.

§. 96. Im Geltungsbereiche der Depositalordnung vom 14. September 1783 kann die Auszahlung von Geldern aus dem Depositum auf Grund der dem Vormund erst durch dieses Gesetz übertragenen Rechte vor dem 1. Januar 1878. nicht verlangt werden.

§. 97. Die Großjährigkeitserklärung eines in väterlicher Gewalt stehenden Kindes erfolgt mit Zustimmung des Vaters nach Maßgabe der Vorschriften des zweiten Absatzes §. 61. Die Anhörung von Verwandten oder Verschwägerten des Kindes ist nicht erforderlich.

Im Bezirk des Appellationsgerichtshofes zu Cöln findet die nach den bisherigen Vorschriften zulässige Emanzipation nicht mehr statt.

§. 98. Die für großjährig Erklärten haben alle Rechte der Großjährigen.

Dasselbe gilt im Bezirk des Appellationsgerichtshofes zu Cöln von den vor dem 1. Januar 1876 Emanzipirten, wenn sie das achtzehnte Lebensjahr zurückgelegt haben. Auf die vor dem 1. Januar 1876 Emanzipirten, welche das achtzehnte Lebensjahr noch nicht zurückgelegt haben, finden die bisherigen Vorschriften mit der Maßgabe Anwendung, daß die dem Familienrath und dem Landgerichte zugewiesene Thätigkeit von dem Vormundschaftsgerichte auszuüben ist.

§. 99. Die Großjährigkeit tritt als Folge der Verheirathung nicht mehr ein.

Im Bezirk des Appellationsgerichtshofes zu Cöln erlischt durch Verheirathung des Kindes die väterliche Gewalt.

§. 100. Rücksichtlich der Vormundschafts- und Pflegschaftsangelegenheiten der Mitglieder der Königlichen Familie und des Hohenzollernschen Fürstenhauses behält es bei der Hausverfassung sein Bewenden.

§. 101. Die nach dem bisher geltenden Privat-Familienrechte der Häupter und Mitglieder der früher reichsständischen Familien begründeten Rechte werden durch dieses Gesetz nicht berührt.

§. 102. Die Vorschriften des gemeinen deutschen Rechts, des

allgemeinen Landrechts und der allgemeinen Gerichtsordnung für die preußischen Staaten, des rheinischen Civilgesetzbuchs und der in den einzelnen Landestheilen geltenden Ordnungen und Gesetze über das Vormundschaftswesen, welche in diesem Gesetze nicht ausdrücklich aufrecht erhalten sind, werden aufgehoben.

Urkundlich unter Unserer Höchsteigenhändigen Unterschrift und beigedrucktem Königlichen Insiegel.

Gegeben Coblenz, den 5. Juli 1875.

(L. S.) **Wilhelm.**

Fürst v. Bismarck. Camphausen. Gr. zu Eulenburg. Leonhardt. Falk. v. Kameke. Achenbach. Friedenthal.

# Sachregister.

(Die Zahlen verweisen auf die Paragraphen, die eingeklammerten auf die Anmerkungen.)

**A.**

Abgabe der Vormundschaft an ein anderes Gericht 8.
Ab- und Zugang bei Vormundschaftsrechnungen 27¹, (94).
Ablehnung der Vormundschaft 5.
Abschichtung 15.
Abtretung (Cession) von Capitalien 15⁴, 22 A².
Abwesenheit 1, 49—51.
Abwesenheit des Vormundes 54, (75).
Abwesenheitserklärung 50, (147).
Achtzehntes Lebensjahr 29, 33¹, 52.
Adoption 6, 22 B².
Adoptivvater 6, (49).
Alimentenprocesse 21.
Amt, besoldetes 4.
Amt, unbesoldetes 4.
Anerkennung der Schlußrechnung seitens des Mündels 28², 32².
Anerkennung von Rechtsgeschäften durch den Mündel 22, (60).
Angenommene Kinder 4⁸, 6¹ u. ³.
Anlegung der Mündelgelder 17.
Annahme des Mündels an Kindesstatt 6, 22 B², 53.
Anordnungen des Erblassers 25, 36, (119).
Anordnungen des Vaters, der Mutter 36.
Anordnungen des Vormundschaftsgerichts 10, 39.
Anordnungen des Familienraths 45.
Anordnungen, vorläufige, des Vorsitzenden des Familienraths 47.
Antretung einer Erbschaft 20.
Anzeige von Bevormundungsfällen, Verpflichtung zu derselben (4).
Anzeige, von dem Tode des Vormundes 8 a. Ende, 39¹⁰.
Arbeitsverhältniß, Eintritt des Mündels in ein, 14ᵇ.
Arrogation 22 B², 53.
Auctionen 24.
Aufbewahrung von Vermögensgegenständen 17.
Aufgabe eines Erwerbsgeschäfts 19, 22 B⁹.
Aufgabe einer Sicherheit für eine Mündelforderung 22 A³.
Aufhören des Amts des Vormundes 8, 59.
Aufhören des Amts des Gegenvormundes 42.

Aufhören der Vormundschaft 49 bis 53.
Auflösung eines Erwerbsgeschäfts 19, 22 B[9].
Auflösung des Familienraths 48.
Aufnahme von Darlehen 22 B[12].
Aufsicht des Vormundschaftsgerichts 10, 45.
Aufsicht des Vormundes über die Erziehung 12.
Aufsicht des Waisenraths 12, 43, 44.
Aufsicht des Familienraths 45.
Auporteur-Papiere 17, (69).
Auseinandersetzung des Mündels mit Miterben 22 B[4], 23, 51.
Auseinandersetzung mehrerer Mündel 51.
Auseinandersetzung des Mündelvermögens 4.
Auseinandersetzungsplan 51.
Auskunft über die Vermögensverwaltung, vom Gegenvormund zu ertheilende 38.
Auskunft über die Erziehung des Mündels, vom Waisenrath zu ertheilende 44.
Auskunft, von der Mutter und dem Vormunde zu ertheilende 44.
Auslagen, Ersatz derselben 31, 41.
Ausleihe von Geldern 17.
Ausmittelung der Ueberschuldung einer Erbschaft 20.
Ausmittelung der Erben eines Verstorbenen 55[3].
Ausschlagung einer Erbschaft oder eines Vermächtnisses 20, 22 B[14].
Ausschließung vom Vormundsamte 4[7], 36, (21).
Aussonderung des Mündelvermögens 15.
Ausstellungen gegen die Vormundschaftsrechnung 28[2].
Aussteuergegenstände, 16.
Außerkurssetzung von Werthpapieren 17.

## B.

Beamte (16).
Beantwortung von Rechnungserinnerungen 27[1].
Bedrohung 29[1].
Bedürfnißgegenstände, Anschaffung von, 14.
Beendigung der Vormundschaft 49—53.
Beendigung des Amtes des Vormundes 8, 49.
Beendigung des Amtes des Gegenvormundes 42.
Befreiung von der Uebernahme einer Vormundschaft 5, (16).
Befreiung des Vormundes von der Nothwendigkeit der Genehmigung des Vormundschaftsgerichts oder des Gegenvormundes zu Rechtsgeschäften 22 am Ende, 24, 36[1] f.
Befreiung des Vormundes von der Rechnungsablage rc. 36.
Befreiungen des Vaters als gesetzlichen Vormundes, 34.
Befreiungen der Mutter als Vormünderin, 34.
Befreiungen des Ehemanns, der Ehefrau, der Großeltern 34.
Begründung eines Erwerbsgeschäfts 22 B[9].
Behörde, vorgesetzte, Genehmigung derselben zur Uebernahme einer Vormundschaft 4[9] (16).

Beischlaf, Verführung zum, 29[1].
Beläge 27[1], 28[1].
Belastung von Grundstücken des Mündels 22 B[6].
Belegung von Mündelgeldern 17.
Beleidigung 29[1].
Benutzung, widerrechtliche, 17, 29[1].
Berechtigung des Mündels durch Rechtsgeschäfte des Vormundes (57).
Berufung des Familienraths 47.
Berufung zur Vormundschaft 6, 36.
Beschlußfähigkeit des Familienraths 46.
Beschlußfassung des Familienraths 47.
Beschwerderecht 6, 8, 10, 47, 48, 52.
Bestellung 3, 8, 22 a. Ende, 24, 48 a. Ende, (81).
Bestellung des Vormundes 3, 44, 49.
Bestellung des Gegenvormundes 37, 44.
Bestellung des Pflegers 54, 55.
Bestellung des Waisenraths 43.
Bestellung des Familienraths 46.
Betrieb eines Erwerbsgeschäfts, selbständiger, seitens des Mündels 14[a].
Betrug 29[1].
Betrug in der Vormundschaftsrechnung 28[2].
Bevollmächtigter eines Abwesenden 50.
Bildung des Familienraths 46.
Blinde 1, 12, 49.
Blindheit 1, 12, 49.
Brautschatzgegenstände 16.
Briefgeheimniß, Verletzung des, 29[1].
Buchführen über Einnahmen und Ausgaben 28[1].
Bürgerliche Ehrenrechte, Aberkennung derselben 4[4] (9).
Bürgschaft 22 A[3] u. B[13], 30.
Bürgschaft des Ehemanns für die vormundschaftliche Verwaltung der Ehefrau 35.

C (vergl. K).

Capitalien des Mündels, Einziehung, Cession und Verpfändung derselben 17, 22 A[2].
Cession von Capitalien 15[4], 22 A[2].
Civilbeamte der Militärverwaltung 5, (11).
Cöln 7, (25) (87) (90) (130) (151) (152).
Concurs des Vormundes 4[5], (100).
Communalamt 4.
Curatel 1.
Curator 1.

D.

Darlehen, Aufnahme von 22 B[12].
Deponirung von Werthpapieren ꝛc. 17, 36.
Deponirung von Werthpapieren des Vormundes als Sicherheit 30.
Diebstahl 29[1].
Dienste des Vormundes 31.
„ des Gegenvormundes 41.
Dienstverhältniß, Eintritt des Mündels in ein 14[b]

E.

Edictalladung 20.
Ehebruch 29[1].
Ehefrau, Vormünderin über ihren großjährigen Ehemann 4[8], 49.

Ehefrau, Vormundschaft über Dieselbe $6^{6}$ Bemerk.
Ehefrau, Befreiung von der Rechnungslegung $27^{4}$.
Ehefrau, Stellung als Vormünderin $34^{4}$.
Ehefrau kann nur mit Einwilligung des Ehemanns Vormünderin werden bezw. bleiben $4^{8}$, 35, (22).
Eheliche Kinder $4^{8}$.
Eheliche Kinder, Recht der Erziehung Derselben 12.
Eheliche Kinder, Einwilligung zur Eheschließung Derselben 13.
Eheliche Kinder, fünf minderjährige, berechtigen zur Ablehnung einer Vormundschaft $5^{7}$.
Ehemann, Vormundschaft über Denselben $4^{8}$, 49.
Ehemann, Bestellung zum Vormunde seiner Ehefrau $6^{6}$ Bemerk., 53.
Ehemann, Befreiung von der Rechnungslegung $27^{4}$.
Ehemann, besondere Stellung als Vormund $34^{3}$.
Ehemann, ohne Einwilligung Desselben darf die Ehefrau nicht Vormünderin werden oder bleiben $4^{8}$, 35, (22).
Ehemann, haftet für die vormundschaftliche Verwaltung seiner Ehefrau 35.
Ehescheidung $4^{8}$, 6.
Eheschließung des Mündels $13^{1}$.
Eheschließung mit dem Vormunde oder dessen Kindern $13^{2}$.
Ehrenbreitstein (130).
Ehrenrechte, bürgerliche $4^{4}$, 7, (9).
Ehrenscheine v. Minderjährigen $29^{1}$.
Eidesstatt, Handschlag an, 3, 46.
Eigenhändig geschriebene und unterschriebene Urkunde 6, 36.
Einkindschaftsvertrag $15^{1}$, 22 $B^{3}$, 23.
Einkünfte, Erzielung angemessener, aus dem Mündelvermögen $15^{2}$.
Einziehung unsicher ausstehender Capitalien 17, 22 $A^{2}$.
Emancipation (151) (152).
Entführung $29^{1}$.
Entlassung aus der preußischen Staatsangehörigkeit 22 $B^{1}$.
Entlassung aus der väterlichen Gewalt 7, 8, 48.
Entlassung des Vormundes 8.
Entlassung der Vormünderin-Mutter 4, (20).
Entlassung des Gegenvormundes 42.
Entlassung des Pflegers 54.
Entlassung der Mitglieder des Familienraths 48.
Entlastung 28, $32^{2}$.
Entmündigungsverfahren (2).
Entsagung einer Erbschaft oder eines Vermächtnisses 22 $B^{14}$.
Entsetzung des Vormundes 2c. s. Entlassung.
Entziehung des Erziehungsrechts des Vaters 44.
Entziehung des Erziehungsrechts der Mutter 12.
Erbansprüche eines ungeborenen Kindes $55^{2}$.
Erbauseinandersetzung 22 $B^{4}$, 23.
Erben, des Vormundes 8, (100).
Erben, Rechte derselben auf Verwaltung und Nießbrauch (146).
Erblasser 27, 31, $36^{3}$.

Erbschaft 20, 22 B[14], 50.
Erbschaftssteuer 29[4], (157).
Erbvertrag 15[1].
Erhaltung des Mündelvermögens 15[2], 17.
Erhaltung eines Nachlasses 55[3].
Ernennung eines Vormundes seitens des Vaters, der Mutter 6[2 u. 4], 36.
Ersatzmitglieder des Familienraths 46.
Erwerbsgeschäft, 15[2], 19, 22 B[9], 33.
Erwerbsgeschäft, selbständiger Betrieb seitens des Mündels 14[a].
Erziehung 12, 44, (155).
Erziehungskosten 12.

F.

Fabrik, 19, (137).
Fahrlässigkeit des Vormundes bei Anlegung von Mündelgeldern 15[2].
Familienrath 2, 45—48.
Familienrath, Genehmigung zur Verheirathung 13.
Familienrath im Bezirke Cöln (130) (152).
Feststellung des Mündelvermögens 15.
Fischen, unbefugtes 29[1].
Frauenzimmer 4[8], 5.
Freie Hand, Verkauf aus 24.
Freiheitsstrafe, Verurtheilung zu längerer 1.
Fünf eheliche Kinder befreien von der Vormundschaft 5[7].
Fürsorge für die Person des Mündels 9, 44.

G.

Gebäude 18.
Gegenleistungen, Uebernahme seitens des minderjährigen Mündels 14.
Gegenpflegen 54, 55.
Gegenvormund 17[1], 37—42, 46, 54 a. Ende.
Gegenvormund, Anhörung Desselben seitens des Vormundschaftsgerichts 22 A, 39.
Gegenvormund, Ertheilung der Genehmigung zu Geschäften des Vormundes 15[1], 22 A, (79).
Geisteskranke 1, 12, 29, 51, (2), (12).
Gemeindeglieder, Bestellung zum Waisenrath 43.
Gemeinschaftliche Rechnungslegung 27[1].
Gemeinschaftliche Verwaltung mehrerer Vormünder 11, 32.
Genehmigung der vorgesetzten Behörde zur Uebernahme einer Vormundschaft 4[9], 8, (16).
Genehmigung des Vormundes zu Rechtsgeschäften des Mündels 14.
Genehmigung des Vormundes zum Eintritt in ein Dienst- oder Arbeitsverhältniß 14[b].
Genehmigung des Vormundes zum selbständigen Betrieb eines Erwerbsgeschäfts 14[a].
Genehmigung des Vormundes zur Eheschließung 13.
Genehmigung des Gegenvormundes zu Geschäften des Vormundes 22 A, 36, 40, (79) (81).

Genehmigung des Vormundschaftsgerichts zur Eheschließung des Mündels 13.
Genehmigung des Vormundschaftsgerichts zum selbständigen Betrieb eines Erwerbsgeschäfts seitens des Mündels 14ª.
Genehmigung des Vormundschaftsgerichts zu Rechtsgeschäften des Mündels 14ª Bemerkung (79).
Genehmigung des Vormundschaftsgerichts zu Rechtsgeschäften des Vormundes 22, 24, 40.
Genehmigung des Vormundschaftsgerichts befreit den Gegenvormund nicht von der Verantwortlichkeit 40.
Genehmigung des Vormundschaftsgerichts und des Gegenvormundes befreit den Vormund nicht von der Verantwortlichkeit 32¹.
Genossenschaften, gewerbliche (71).
Gerechtigkeiten der Mündelgrundstücke 18.
Gerichtliche Urkunde 6, 36.
Geschäftsfähigkeit des großjährigen Mündels 49.
Geschäftsfähigkeit des minderjährigen Mündels 14.
Geschwister, deren Pflicht zur Anzeige eines Bevormundungsfalls (4).
Geschwister, deren Zuziehung bei der Aufnahme des Güterverzeichnisses 16.
Gesetzliche Vormundschaft 3, 7, 37, 44, 49.
Gewalthaber 7¹, (26).
Grenzen der Mündelgrundstücke 18.
Großeltern 27, 30, 34.
Großjährige 1, 7, 49.
Großjährigkeit 1, 7, 22 B⁷, 23, 51.
Großjährigkeitserklärung 52, (151).
Großkinder 4⁸.
Großmutter 4⁸.
Großvater 6, 7², 27, (26).
Gründung eines Erwerbsgeschäfts 19.
Grundschulden 17, 22 B⁵.
Grundschulden auf Grundstücken des Vormundes, Erwerb für den Mündel verboten 17 a. Ende.
Grundstücke, Verkauf von, 15², 22 B⁵, 24, 33¹.
Grundstücke, Verpachtung von, 18, 22 B⁷.
Grundstücke, Verwaltung von, 18.
Grundstücke, Erwerb von, 15², 22 B⁶.
Gütergemeinschaft 15¹.
Gütergemeinschaftliches Vermögen, Theilung desselben, 23.
Güterverzeichniß 16, (94).
Gutsvorsteher 43.

## H.

Hadeln, Land (130).
Haftbarkeit des Vormundes 9, 17, 18, 32.
Haftbarkeit des Gegenvormundes 38.
Haftbarkeit des Ehemannes einer Vormünderin 35.
Handlung, selbständiger Betrieb einer, seitens des Mündels 14ª.

Handlung, vom Erblasser geführte, 19.
Handlungsunfähige Personen, Anordnung einer Pflegschaft für, 54.
Handlungsunfähigkeit 4, 8, (12).
Handschlag an Eidesstatt 3, 46.
Handwerk, selbständiger Betrieb eines, seitens des Mündels 14[a].
Handwerk, vom Erblasser betriebenes 19.
Hausfriedensbruch 29[1].
Haushaltung, getrennte 7.
Hausvater, Sorgfalt eines ordentlichen 9, 32, 38.
Hausverfassung 56.
Herausgabe des Mündelvermögens 28.
Hinterlegung von Werthpapieren 17, 36.
Hochzeitsgeschenke 26.
Hohenzollernsches Fürstenhaus 56.
Honorar 31, 36, 41, 49, 55, (111).
Hypothek, vom Vormunde bestellte, Bewilligung der Löschung, 30[3].
Hypotheken 17, 22 A[3], 22 B[5].
Hypotheken auf Grundstücken des Vormundes, Erwerb für den Mündel verboten 17 a. Ende.
Hypothekenbriefe (69).

### J.

Jagdausübung, unberechtigte 29[1].
Immobilien, s. Grundstücke.
Impfung 29.
Industrieactien (70).
Inhaberpapiere 17, (69).
Insolvenz einer dem Mündel angefallenen Erbschaft 20.
Inventar 16, 36, (115).
Inventar, Rechtswohlthat des, 20.
Irrthum in der Vormundschaftsrechnung 28[2].

### K vergl. auch C.

Kauf von Grundstücken 15, 22 B[6].
Kautionsleistung s. Sicherheitsleistung.
Kind, zu erwartendes 55.
Kinder, Ablehnungsgrund bei Vormundschaften 5[7].
Kindesstatt, Annahme an 6, 53, (49).
Kirchenamt 4.
Kirchenbesuch des Mündels 44.
Kirchspielsgerichte (130).
Klage des Mündels gegen den Vormund 32.
Kommunalamt 4.
Königliche Familie 56.
Körperverletzung 29[1].
Kostbarkeiten, deren Hinterlegung (Deponirung) 17, 36.
Krankheit 5, 54.
Kündigung unsicher ausstehender Kapitalien 17.
Kuppelei 32[3].

### L.

Lästiger Vertrag 22 B[6],
Landgericht (37) (152).
Laufende Ausgaben 17.
Lebensberuf, Bestimmung desselben, 12.
Lebensjahr, 7tes, 14.
Lebensjahr, 18tes, 19, 33, 52.
Lebensjahr, 21tes, 1, 4[2].
Lebensjahr, 60tes, 5[2].
Lebenswandel, unsittlicher 4[6].
Lehrer (12).
Letztwillige Anordnungen 6 [2 u. 4], 36, (55).

## M.

Militärpersonen 5, (11).
Militärverwaltung, Civilbeamte der 5, (11).
Minderjährige 1, 4².
Minderjähriger Mündel, Erziehung Desselben 12.
Minderjähriger Mündel, Eheschließung Desselben 13.
Minderjähriger Mündel, mangelnde Geschäftsfähigkeit Desselben 14.
Minderjährigkeit 1.
Minderung einer Sicherheit für eine Mündelforderung 22 A³.
Miteigenthümer 24
Miterben des Mündels, Auseinandersetzung mit Denselben 23.
Miterben des Mündels, Zuziehung Derselben zur Aufnahme des Güterverzeichnisses 16.
Mündel, Anhörung Desselben seitens des Vormundes 18.
Mündel, Anhörung Desselben seitens des Gerichts 33, 52.
Mündelgelder 15, 17.
Mutter, Erziehungsrecht Derselben 12.
Mutter, Einwilligung Derselben zur Eheschließung 13.
Mutter, besondere Stellung Derselben als Vormünderin 34².
Mutter, Einfluß Derselben auf die vormundschaftl. Verwaltung 36².
Mutter ist fähig zur Uebernahme einer Vormundschaft 4³.
Mutter hat ein Recht auf die Vormundschaft über ihre Kinder 6³, (10).

## N.

Nachlaß 10, 55³.
Nachlaß am Pachtgelde 18.
Nachlaßpfleger 55³.
Nachlaßregulirung (86).
Nachlaßverzeichniß 16.
Nachlaßverzeichniß, Rechtswohlthat des 20.
Nachweisung des Mündelvermögens 4, 27, 39.
Nahrungsmittel, Anschaffung von 14.
Namen 2c.-Obligationen, (69).
Nießbrauchsrecht, 15¹.
Nöthigung 29¹.
Notarielle Urkunde 6.
Notarielle Versteigerung (90).
Nothzucht 29¹.

## O.

Oberaufsicht des Vormundschaftsgerichts 2, 12, 45.
Oeffentlichkeit von Verkäufen 24.
Offenbarung von Privatgeheimnissen, unbefugte 29¹.
Offenlegung des Nachlaßverzeichnisses, Verbot 16, 27⁵, 36.
Ordnungsstrafen 5, 9, 12, 41, 48.

## P.

Pachtcontracte 18, 22 B⁷.
Pachtgelder, Einziehung derselben, 18.
Person des Mündels, Fürsorge für die, 9, 43, 44, 54.
Persönliche Verhältnisse des Mündels 27, 38, 44.
Pfandbriefe 17.
Pfleger 1, 26, 54, 55.

Pflegschaft 1, 54, 55.
Pflicht zur Uebernahme der Vormundschaft 5.
Pflichtwidrigkeiten des Vormundes 8, 9, 15[1], 38, 44.
Privatfamilienrecht 56.
Processe, anhängige, Berücksichtigung derselben im Güterverzeichniß 16.
Proceßführung 21, 50.
Procura 22 B[11].
Prodigalitätserklärung 49.
Prüfung der Vormundschaftsrechnungen 27[3], 39[6]
Prüfung der Schlußrechnung 39[8], (99).

## Q.

Quittung über treu und richtig geführte Vormundschaft 28.

## R.

Rath des Vormundschaftsrichters, (62).
Rechnungsablage 27, 36, 54, 55.
Rechnungserinnerungen 27[1].
Recht auf Uebernahme einer Vormundschaft 6.
Rechte, deren Aufgabe seitens des Minderjährigen 14.
Rechte der Erben 50.
Rechte der großjährig Erklärten 52.
Rechtsgeschäfte des Mündels 14, (79).
Rechtsgeschäfte, welche der Genehmigung bedürfen 22, 24.
Rechtsgeschäfte zwischen Vormund und Mündel 26, 54.
Rechtsgeschäfte zwischen Vater und Hauskind 54.
Rechtsnachfolger des Mündels 28.
Rechtswohlthat des Nachlaßverzeichnisses (Inventars) 20, (77).
Religiöse Erziehung des Mündels 12.
Religiöses Bekenntniß, Einfluß auf die Wahl des Vormundes 6 a. E.
Reichsbank 17.
Reichsständische, früher, Familien 56.
Remission am Pachtgelde 18.
Rentenbank 17.
Rentenbriefe 17.

## S.

Sachbeschädigung 29[1].
Schadensersatzleistung seitens des Vormundes 32.
Schenkungen 20.
Schlußrechnung 28, 36.
Schulbesuch 44.
Schuldiger Theil bei Ehescheidungen 4[8].
Schuldscheine von Minderjährigen, Erschleichung von, 29[1].
Schuldverschreibungen 17, (69).
Schwangere 55.
Schwängerer, Ansprüche gegen denselben 21.
Sechzigstes Lebensjahr 5.
Selbständiger Betrieb eines Erwerbsgeschäfts seitens des Mündels 14[a].
Selbständigwerden des Mündels 51, 52.
Selbstverwaltuug der Grundstücke 18.
Servituten 22 B[5].
Sicherheit für Mündelforderungen, Aufgabe derselben rc. 22, 36.

Sicherheit der Hypotheken und Grundschulden 17.
Sicherheitsleistung 4, 5[6], 30, 36, 41.
Sicherstellung des Mündelvermögens 15, 26.
Sicherstellung seitens der Erben des Vormundes 8.
Siebentes Lebensjahr 14.
Solidarische Haftung mehrerer Vormünder 32[1].
Sorgfalt, vom Vormunde anzuwendende 9, 15[1], 32.
Sorgfalt, vom Gegenvormunde anzuwendende 38.
Sparkassen 17, 22 A Bemerk., (71).
Sparkassenbücher 17.
Spekulation mit Mündelgeldern 15[2].
Staatsamt 4.
Staatsangehörigkeit, Entlassung des Mündels aus der Preußischen 22 B[1].
Staatspapiere, ausländische, (70).
Stammrolle, Anmeldung zur, 29.
Standesbeamter (4).
Steuerpflichtige Erbschaften (Vermächtnisse) 29[4].
Stiefmutter, Pflicht zur Anzeige eines Bevormundungsfalles (4).
Strafantrag 29[1].
Strafrechtliche Haftbarkeit des Vormundes 32[3].
Stumme 12.
Stummheit 1, 51.

**T.**

Talons, (69).
Taube 12.
Taubheit 1, 49, 51.
Taubstumme 29.
Tausch von Grundstücken 22 B[6].
Tausch von Werthpapieren 22 A[1].
Testament 6, 15[1], 36 (55).
Theilung der Verwaltung unter mehrere Vormünder 11, 32[1], 37.
Tod des Mündels 49, 53.
Tod des Vormundes 8, 39[10], 53.
Tod des Gegenvormundes (80).
Todeserklärung 50.

**U.**

Uebergehung eines zur Vormundschaft Berufenen 6.
Uebernahme der Vormundschaft 3.
Uebernahme eines Erwerbsgeschäfts 19, 22 B[9].
Uebernahme fremder Verbindlichkeiten auf das Vermögen des Mündels 22 B[13].
Uebersicht des Vermögensbestandes 27, 39.
Unbesoldetes Amt, 4.
Unbewegliche Sachen, Erwerb durch lästigen Vertrag 22 B[6].
Unbewegliche Sachen, Veräußerung und Belastung 22 B[5], 24, 33[1].
Unbewegliche Sachen, Verpachtung und Vermiethung, 18, 22 B[7].
Uneheliche Kinder 4[8], 6[3], 7[2].
Uneheliche Kinder, Anspruch auf Alimente 21.
Uneheliche Kinder, Einwilligung zur Eheschließung 13.
Uneheliche Kinder, Erlangung der Rechte eines ehelichen Kindes 53.
Uneheliche Kinder, gesetzliche Vormundschaft des Großvaters 7[2].
Uneheliche Kinder, Recht zur Erziehung Derselben 12.

Uneheliche Kinder, Vormundschaft über, Anzeige des Gerichts an den Waisenrath 44 II.
Uneheliche Mutter, deren Vater gesetzlicher Vormund 7[2].
Uneheliche Mutter, Entschädigungsansprüche Derselben gegen den Schwängerer 21.
Uneheliche Mutter, Erziehungsrecht Derselben 12.
Uneheliche Mutter, Genehmigung Derselben zur Eheschließung 13.
Uneheliche Mutter kann zur Vormünderin bestellt werden 4[8].
Uneheliche Mutter hat kein Recht auf Uebernahme der Vormundschaft 6[3].
Unentgeltlichkeit der Vormundschaftsführung 31.
Unfähigkeit zur Uebernahme einer Vormundschaft 4, 38, 44 I.
Ungetrennte Verwaltung mehrerer Vormünder 11, 27.
Unschätzbare Sachen (85).
Unsicher ausstehende Capitalien 17.
Unsittlicher Lebenswandel 4.
Unterschlagung 29[1].
Unterstützung, öffentliche 12.
Untreue des Vormundes ꝛc. 32[3].
Unzüchtige Handlungen 29[1], 32[3].

**V.**

Vater, besondere Stellung Desselben als Vormund 34[1].
Vater, Einfluß Desselben auf die vormundschaftliche Verwaltung, 36[1].
Vater, Einwilligung Desselben zur Eheschließung 13.
Vater, Erziehungsrecht Desselben 44.
Vater ist gesetzlicher Vormund 7, 49.
Väterliche Gewalt 6, 7[1], 53, 54, (25) (26).
Veränderung des Wohnsitzes des Mündels 8, 44 a. Ende.
Veränderung eines Erwerbsgeschäfts 19, 22 B[9].
Veräußerung von Grundstücken 22 B[5], 24, 33[1].
Veräußerung von Grundstücken seitens des für großjährig Erklärten 52.
Veräußerung von Werthpapieren 22 A[1].
Veräußerungsrecht des Vormundes 15[4].
Verantwortlichkeit des Vormundes 9, 32.
Verantwortlichkeit des Gegenvormundes 38.
Verantwortlichkeit des Waisenraths 44 II.
Verbindlichkeiten, Uebernahme fremder, für den Mündel 22 B[13].
Verbindlichkeiten, Uebernahme von, seitens des minderjährigen Mündels 14.
Verbot der Deponirung von Werthpapieren 17.
Verbot der Einsetzung eines Familienraths 46.
Verbot der Offenlegung des Nachlaßverzeichnisses 16, 36.
Verführung zum Beischlaf 29[1], 32[3].
Verfügungen auf den Todesfall 15[1], (55).

Vergleiche 21, 22 B[6].
Verheirathung eines Kindes 7[1].
Verheirathung des Mündels 13, 53, (25) (149).
Verheirathung mit dem Vormunde oder dessen Kindern 13[2].
Verheirathung der Vormünderin 4 a. Ende, 12.
Verjährung der Klage gegen den Vormund 32[2].
Verkauf v. Grundstücken 22 B[5], 24.
Verkauf von Mobilien (beweglichen Sachen) 15[4], (66).
Verkauf von Werthpapieren 22 A[1].
Verleihung von Geldern 17.
Verletzung des Briefgeheimnisses 29[1].
Vermächtniß 22 B[14].
Vermehrung des Mündelvermögens 15[2].
Vermiethung 22 B[7].
Vermögens-Angelegenheiten des Mündels 9, 14, 15.
Vermögensauseinandersetzung 4, 22 B[4], 23, 51.
Vermögensbestand, Nachweisung desselben 4 a. E., 39[6 7].
Vermögensbestand, Uebersicht desselben 27, 39[7].
Vermögensverwaltung 15, 36, 38, 39, 50.
Vermögensverzeichniß s. Güterverzeichniß.
Verpachtung 18, 22 B[7].
Verpfändung von Capitalien 22 A[2].
Verpfändung der Ehre seitens des Mündels (102).
Verpflegungsanstalt 7, 44.
Verpflichtung des Vormundes (Gegenvormundes, Pflegers) 3.
Verpflichtung der Mitglieder des Familienraths 46.
Verpflichtung des Mündels durch den Vormund (57).
Verpflichtung des Mündels durch eigene Rechtsgeschäfte 14.
Verpflichtung zur Uebernahme der Vormundschaft 5.
Verpflichtung zur Anzeige eines Bevormundungsfalls (4).
Versäumniß bei Anlegung von Mündelgeldern 17.
Verschollenheitserklärung 50.
Verschwägerte des Mündels 6 a. Ende, 33, 44 I[2], 45, 46, 52.
Verschweigung eines gesetzlichen Ehehindernisses 29[1].
Verschwender 1, 49, (2), (142).
Verschwiegenheit, vom Vormunde zu beobachtende 9.
Vertreter, ständiger, neben dem Pfleger 54.
Vertretung des Mündels 9, 14, 50.
Verwahrung von Werthpapieren und Kostbarkeiten 17, (69).
Verwaltung des Mündelvermögens 15, 25.
Verwaltung mehrerer Vormünder 11.
Verwaltungsgeschäfte, einstweilige Fortführung derselben bei Beendigung der Vormundschaft 51.
Verwaltungsrecht des Vormundes ist auf Geschäfte unter Lebenden beschränkt 15[1].
Verwandte des Mündels s. Verschwägerte.
Verwendung von Mündelgeldern in den Nutzen des Vormundes 17.

Verzögerung der Anlegung von Mündelgeldern 17.
Voluntärgerichte (130).
Vorbehalt bei der Entlastung und Quittung 28, 32[a].
Vorbericht der Vormundschaftsrechnung 27.
Vormund, Abschließung von Rechtsgeschäften für den Mündel 14.
Vormund, Aufsichtsrecht Desselben über die Erziehung 12.
Vormund, Bestellung Desselben 3.
Vormund, Eheschließung Desselben oder seiner Kinder mit dem Mündel 13.
Vormund, Einwilligung Desselben zum Eintritt des Mündels in ein Dienst- oder Arbeitsverhältniß 14[b].
Vormund, Einwilligung Desselben zum selbständigen Betrieb eines Erwerbsgeschäfts seitens des Mündels 14[a]
Vormund, Einwilligung Desselben zur Eheschließung des Mündels 13.
Vormund, Ernennung Desselben durch den Vater rc. 36.
Vormund, Genehmigung von Rechtsgeschäften des Mündels 14 (60) (79).
Vormünderin 4[8], 6, 12.
Vormundschaft, Abgabe an ein anderes Gericht 8.
Vormundschaft, Einleitung derselben 2, (4).
Vormundschaften, vom Erblasser des Mündels geführte 16.
Vormundschaftsgericht 2, 9.
Vormundschaftsgericht, Aufsicht und Strafgewalt desselben 10, 15[1].
Vormundschaftsgericht, Aufsicht über die Amtsführung des Vormundes 2, 10, 12, 15[1].
Vormundschaftsgericht, Aufsicht über die Amtsführung des Gegenvormundes 41.
Vormundschaftsgericht, Einwilligung zur Eheschließung des Mündels 13.
Vormundschaftsgericht, Entscheidung desselben bei Meinungsverschiedenheiten zweier Vormünder 11, 15[1].
Vormundschaftsgericht, Erlaß der Großjährigkeitserklärung 52.
Vormundschaftsgericht, Genehmigung des Abgehens von Anordnungen des Erblassers 25.
Vormundschaftsgericht, Genehmigung zu Rechtsgeschäften des Vormundes 15[1], 22, 24, 40.
Vormundschaftsgericht, Genehmigung zu Rechtsgeschäften des Mündels 14 Bemerk., (79).
Vormundschaftsgericht, Genehmigung zum selbständigen Betrieb eines Erwerbsgeschäfts seitens des Mündels 14[a].
Vormundschaftsgericht ist keine verwaltende Behörde 15[1].
Vormundschaftsgericht ist nicht verpflichtet, Rath zu ertheilen 15[1], (62).
Vormundschaftsgericht, Oberaufsicht über die Erziehung 12.
Vormundschaftsrechnung 27, 36, 39[6].
Vormundschaftsrechnung, Kosten der Aufstellung oder Abschrift, 31.

Vormundschaftsrichter, Vorsitzender des Familienraths, 45.
Vorschußvereine (52).
Vorstand einer Verpflegungsanstalt 7.

**W.**

Waisengerichte (130).
Waisenfonds 12.
Waisenrath 2, 12, 13, 43, 44.
Wechsel, von Minderjährigen erschlichene, $29^{1}$.
Wechselmäßige Verbindlichkeiten 22 $B^{10}$.
Wege in Vormundschaftssachen, keine Entschädigung dafür 31.
Weibliche Personen s. Frauenzimmer.
Weigerungsgründe die Vormundschaft zu übernehmen 5.
Werthpapiere 17, 22 $A^{1}$, 36, (69).
Wiedereinsetzung in den vorigen Stand (60).
Wiederverheirathung der Mutter des Mündels $6^{3}$, 12.
Wiederverheirathung der Vormünderin 4 a. Ende.
Wittwe, Zuziehung Derselben bei der Inventarsaufnahme 16.
Wittwe, Ansprüche Derselben auf die Brautschatz- (Aussteuer-) Gegenstände 16.
Wohnungsveränderung des Mündels 44.

**Z.**

Zahlungsunfähigkeit des Schuldners des Mündels 17.
Zinscoupons (69).
Zinsen, Einklagung derselben 17.
Zinsen, für versäumte oder verzögerte Anlegung von Mündelgeldern 17.
Zinsen, für vom Vormunde in eigenen Nutzen verwendete Mündelgelder 17.
Zuwendung 55.
Zwang zur Uebernahme einer Vormundschaft 5.
Zwangsverfahren gegen den Mündel 22 $B^{5}$.
Zwangsvollstreckung, Vereitelung einer $29^{1}$.
Zwanzigstes Lebensjahr des Mündels $29^{2}$.
Zweite Ehe der Mutter $6^{3}$, 12, (20).
Zweite Ehe der Vormünderin, 4 a. Ende, (20).
Zwei Vormundschaften (Pflegschaften) befreien von der Vormundschaft $5^{3}$.

Buchdruckerei von Gustav Schade (Otto Francke) in Berlin.

FSC
www.fsc.org
MIX
Papier | Fördert
gute Waldnutzung
FSC® C083411

Kolibri 360 GmbH
Ferdinand-Jühlke-Straße 7
99095 Erfurt, Deutschland
produktsicherheit@kolibri360.de